ユダヤ・キリスト・イスラーム・親鸞

狐野利久 著

法藏館

まえがき

今や世界は、何事もグローバルな視点から考えていかなければならない時代となった。このことは宗教の世界においても例外ではなかろう。それなのに、私たち真宗門徒は真宗の独自性を守るために、真宗の教義に縛られたり、あるいはドグマに拘束された状態に留まっているばかりで、他の宗教を理解しようとしないでいるとどうなるであろうか。世の中の流れから取り残されてしまい、厄介者になってしまうだけである。原理主義者と言われる人たちはその代表的な存在であろう。教義もドグマも法《ダルマ》ではない。

親鸞は『散善義』の「賢善精進」の文をダルマの眼でもって読み変えて読んだように、宗教にアプローチするためには柔軟な心が必要である。また親鸞は『化身土巻』で、ダルマを明らかにするために、最澄の『末法燈明記』だとか『論語』からも引用しているが、お互い学び合い、理解し合う姿勢が大事であることを親鸞は教えていると考える。したがって、親鸞に『聖書』や『コーラン』を読む機会があったとしたら、『教行信証《きょうぎょうしんしょう》』に『聖書』や『コーラン』からの引用文が載っていたかもしれない。今や国際化の時代においては、親鸞のような融通性が真宗門徒にも求められるのである。

迫害された歴史を持つユダヤ教徒は、『出エジプト記』に、

あなたは寄留の他国人をしいたげてはならない。あなたがたはエジプトの国で、寄留の他国人であったので、寄留の他国人の心を知っているからである。（二三章・九節）

とあるように、よそ者の他国人への思いやりを持つことを、神から教えられている民族である。流浪の民としての歴史を持つユダヤ教徒は、主としてキリスト教徒による迫害や嫌がらせに耐えながらも、今日までしたたかに生きのびてきた民族である。生きのびてこられたのは、ひとえに、彼らの宗教があったからにほかならない。しかしながら、聖書（旧約聖書であるが）をよりどころとするユダヤ教徒や旧約の流れを汲むイスラームの宗教を信ずるムスリムは、「目には目を、歯には歯を」ということも教えられている。現在見られるイスラエルとパレスチナの、復讐には復讐で応えるという争いの繰り返しは、世界の人たちの平和を求める気持ちを逆なでする出来事であるが、これも「目には目を、歯には歯を」と教えられているからである。

筆者は『コーランの思想と親鸞の思想との対比』（文栄堂、一九八九年）という本を出版し

たとき、たまたまロンドンに出張する機会があったので、いつも世話になっているロンドンの下宿のご主人にその本を見せたのであった。何を書いたのか英語で説明せよというので英語で説明したのだが、それは当然のことであるにしても、ご主人はムスリムであるので、そのときのご主人の顔には、アッラーを侮辱するようなことを書いたのなら許さぬぞという権幕がはっきり現れていた。これが「目には目を、歯には歯を」ということなのかと、筆者は一瞬思ったことである。そこで筆者は「イスラーム」ということと親鸞の「帰命」ということは同じであること、『コーラン』に説かれているアッラーの慈悲と親鸞の言う阿弥陀如来の慈悲とは同じところもあるが違うところもあるということ、救済についての考え方の違いが両者にあることなどを具体的に説明して、納得してもらったのであった。イエスは、

「目には目を、歯には歯を」と言われていたことは、あなたがたの聞いているところである。しかし、わたしはあなたがたに言う。悪人に手向かうな。もしだれかがあなたの右の頰を打つなら、ほかの頰をも向けてやりなさい。

（『マタイによる福音書』五章・三八〜三九節）

と言っているけれど、自分の信じている宗教についてとやかく言われるのは、誰でもいやなことである。ご主人もそのような気持ちになって説明を求めたと思うのである。その後、

筆者は『比較文化入門』の正篇（北星堂書店、一九九五年）と続篇（北星堂書店、一九九八年）とを出版しているが、ロンドンにおけるこのときの経験から、事実を並べて読者に示すだけにして、両者を比較して、判断するのは読者に任せることにしている。とかく「比較」という名がつくと、比較して優劣を述べたいものであるが、優劣は人によって、民族によって、異なるものである。たとえ真宗門徒である筆者が真宗は素晴らしい教えなんだ、二元論的啓示宗教はこれからの時代にはだめなんだと比較して結論づけてみたところで、筆者の独り相撲になってしまうだけであって、啓示宗教の人にとっては痛くも痒《かゆ》くもないのである。それゆえこの本を書くにあたって、啓示宗教と真宗のそれぞれの教えを並べて示すことで、違いを明らかにするだけにとどめ、判断を決めるのは読者自身であることを、先に述べておきたい。

グローバル化がますます進んでいく昨今、私たち日本人はそれぞれの文化によって培われた人たちと交流していく機会が増えてきたが、宗教を抜きにしての交流はあり得ないことを、知っておかねばならない。ところが私たち日本人には、同じ人間だもの、心を開いて交わっていけば、親しくつき合っていけるはずだという考え方が一般にあるようだ。しかしながら、例えば、日曜日の朝教会に行こうと誘われたときに、私はクリスチャンでないから行かないとか、自分は無宗教だから礼拝などしないとか言ったとしたらどうなるであろうか。心を開いて、正直に言ったつもりかもしれないが、たちまち冷たい関係となり、気まずい思いをしなければならなくなることを知らない日本人が多いのではなかろうか。筆者の場合、例えばパリのノートルダム寺院のミサにフランス人と同席して礼拝しても、南無阿弥陀仏と心の中で言いながら十字を切っている。なぜなら、十字架は「自己否定即自己肯定」の意味を持っていると筆者は考えているからである。

このように、それぞれの国の人たちの宗教を尊重し、それぞれの宗教の違いを理解し、それぞれの宗教の教えを学んでいくという態度が大事なのであって、比較文化とか比較宗教とかは、優劣を論ずる思想や学問ではないことを肝に銘じておくべきである。そしてまた、そのようにグローバルな立場で何事も考えていく時代になったからこそ、それぞれの宗教を学んでみれば、自分の宗教も、そして日本文化についても、おのずからはっきりわかってくるというものである。

ところで筆者の場合は、ユダヤ教、キリスト教、そしてイスラームの宗教のすべてに通じているわけではない。ただロンドンで下宿していた家がムスリムであったおかげで、コーランの勉強をしてみようと思ったにすぎない素人なのである。だが、コーランを学べばユダヤ教やキリスト教が見えてくる。見えてくると、イスラームの宗教との比較において、ユダヤ教やキリスト教を勉強してみようという気になるのは当然であろう。下宿させてもらったおかげで、前述の『コーランの思想と親鸞の思想との対比』という本を書くことができたし、またこの本もそのときの御縁があったからこそ、書けるのだと思う。また、真宗の教えも、彼らの宗教の視点で考えてみると、世界宗教としての真宗が見えてくるはずである。世界宗教としての真宗ということは、彼らと共通の場を持った宗教という意味で言えるのである。

加瀬英明氏は『ユダヤの力』(知的生き方文庫、三笠書房、一九九六年)で、

ユダヤ人のあいだでは、教育の目的は記憶することではなくて、思考力を養うことにあると、見なされている。

では思考力を養うためには、どのような学習を心掛ければよいのだろう。それも、ユダヤ民族の生活のなかにしっかりと組み込まれている。

思考力をつける最も効果的な方法は、常に自分なりの疑問点を持つことだ。つまり、疑問を持つとそれだけその人が思考したことの証明になるのである。ある対象について何でもいい、とりあえず考えなければ、疑問は湧いてこない。

そこで、ユダヤ人の子どもは小さなころからとにかく質問することをしつけられる。自分なりに考え、意見を持たなければ、質問はできない。それで子どもは自然に〝考えること〟を身につけるようになる。

ラビ・トケイヤーは、「疑うことは知性の入り口だ。知れば知るほど疑うようになる」と言っている。質問は、人間を進歩させるものなのだ。（五七〜五八頁）

と述べている。『ヨブ記』を見てみると、いわれのない苦しみに耐えかねたヨブは、神に向かって、なぜ自分は苦しまねばならぬのかと質問していることでもわかるように、ユダヤ民族は疑う、質問するということを、人間にとっては大事なことと教えている。親鸞の場合はどうであろうか。彼は『教行信証』を書いた由来を、その「後序」のところで述べている。

若見聞斯書者、信順為因疑謗為縁、信楽彰於願力妙果顕於安養（もしこの書を見聞せん者、信順を因とし疑謗《ぎぼう》を縁として、信楽《しんぎょう》を願力に彰《あらわ》し、妙果を安養に顕さんと）

この意味を今の言葉で言えば、「念仏をよりどころにして生きていこうとする人は、自分の書いた『教行信証』を読んで、如来の本願とか念仏を信じようとしても信じられず、むしろ疑問が深まり、（「勝手に読みかえて読むなんて、横着なことでないか」などと）謗《そし》るようなことがあるだろうが、それはそれで宜しいのだ。やがて疑謗が縁となって、ついに信心を得ることになるからである。そのときは如来の本願が信心の上に顕れ、信心が本願に顕れるということになって、心は安養の浄土に遊ぶという正定聚の境地を得るであろう」という意味になる。

ユダヤ教徒の教えと親鸞の教えとは違うものではないかと言うかもしれないが、疑うという点においては同じである。むしろ「謗（そしる）」という言葉を使っている親鸞の言葉遣いの方が激しいと言えるかもしれない。『歎異抄』の第二章に述べられている関東の門弟たちが「身命をかえりみずして」親鸞を訪ねたのも、如来を疑い、本願を疑い、念仏を疑っていたからである。親鸞がむしろわれわれに求めているのは、そのような疑問を持つということであって、疑問を持つことこそ信心獲得の縁になると親鸞は「後序」で言っているのである。

そのように考えると、親鸞の思想を受け継ぐ真宗の教義には、ユダヤ教と共通の場を持っていると言えるはずである。したがって念仏を称えながら十字を切るという筆者の態度も、十字架は「自己否定即自己肯定」の意味があると考えるならば、キリスト教徒との共通の場があることになって、特別に問題にすることはなかろう。また、『コーラン』に説かれている神の啓示は、パロール（発話行為）でありラング（言葉）であると理解してみれば、阿弥陀如来の本願もアッラーの啓示と同じであって、何ら違和感はない。そうして筆者のごとき異教徒がロンドンのムスリムの下宿の家において、何時行っても家族の一員として遇してもらえるのも、そして彼らからの手紙の末尾に必ず「アッラーの恵みがお前の上にあるように」という言葉で結ばれているのも、阿弥陀如来の本願がパロールとして彼らの上に語りかけているからであると筆者は考えている。とにかく筆者は異文化の中に阿弥陀如来（すなわち智慧《プラジュニャ》のはたらき）を発見し、時には如来がアッラーとなりイエスとなって顕現していると思っているから、異国の地において生活しても、違和感はない。このような筆者を評して山口大学の中田考氏は、

真宗門徒の狐野にとって、絶対帰依の信仰を共有し相互理解が成立する相手は、不信仰の現代、「末法のまた末法」、末法の果ての日本の哲学者である吉本（隆明）や井筒（俊彦）ではなく、むしろ異国のイスラーム教徒なのである。

（『イスラームのロジック』七九頁、講談社選書メチエ）

と言っているが、筆者ではなくて、親鸞の思想が、そして真宗の教えが、世界宗教としての資格を持っているからにほかならない。そしてまた、阿弥陀如来が異文化の上にも輝いているからこそ、イスラーム教徒とも、安心して家族のごとく交際ができるのだと思っている。

使用した聖書は一九五五年改訳の日本聖書協会発行のものであり、『コーラン』は井筒俊彦訳の岩波文庫（上、中、下）であり、また真宗聖典は東本願寺発行のものである。

ユダヤ・キリスト・イスラーム・親鸞＊目次

装丁　小林　元

ユダヤ・キリスト・イスラーム・親鸞

序　啓示宗教と浄土真宗

ユダヤ教とは、神との契約を守り、ユダヤ民族の生活のすべてにかかわる掟《おきて》、すなわち、律法《りっぽう》を遵守していくという宗教である。また、キリスト教や仏教は開祖の名をつけてキリスト教とか、仏教と呼んでいる宗教である。ところがイスラームの宗教は開祖の名をとってムハンマド教とかマホメット教と言わないのが普通である。なぜなら、開祖の名をつけると、ムハンマドを崇拝の対象としたり、偶像崇拝の意味を持つ宗教になる危険性があるからであって、そのようなことを避けるために、教祖の名をつけて呼ばないのである。コーランには、

今日この日、ここにわしは汝《なんじ》らのために汝らの宗教を建立し終わった。わしは汝らの上にわが恩寵《おんちょう》をそそぎ、かつ汝らのための宗教としてイスラームを承認した。

（五章・五節）

とあるから、イスラームの宗教はアッラーご自身が、「汝らの宗教」として承認した宗教なのである。したがって、イスラーム教と言っても間違いではないのであるが、私はイスラームの宗教と言うことにする。（使用する井筒俊彦博士のコーランの訳本には、昔ながらの回教《かいきょう》という日本語訳がついている）

ところで、コーランにはこの「イスラーム」ということについて、

アッラーの御目よりすれば、真の宗教はただ一つイスラームあるのみ。（三章・一七節）

と言っている。「真の宗教はイスラームあるのみ」と言われてみると、当然のこととして、ユダヤ教やキリスト教、それに仏教は「真の宗教ではないのか」という反論や疑問が出てくるはずである。この部分をモハッメド・マルマドゥク・ピクトハル（Mohammed Marmaduke Pickthall）の英訳（The Meaning of the GLORIOUS KORAN）を開いてみると、

Lo! religion with Allah (is) The Surrender (to His will and guidance).

(World islamic publications in DELHI)

とあるから、「イスラーム」という意味は「降伏」とか「服従」の意味であることを知る。また日本語訳をした井筒博士は、「イスラーム」の言葉を「神に対する絶対無条件的服従を意味する」と括弧で注釈を記している。したがって、「イスラームあるのみ」というのは、他の宗教を否定した言葉ではなくて、むしろ、イスラームの宗教は、「自分自身を神

に渡す、神にまかせる、神に投げ出すことを教える宗教」であり、それが本当の宗教であるということを言っているのだということを知る。われわれ日本人の言葉で言えば、「真の宗教は帰命《きみょう》あるのみ」ということである。そうして、ユダヤ教も、キリスト教も、仏教も、神や仏にイスラームすることを教える宗教であるならば、「アッラーの御目からすれば、ユダヤ教も、キリスト教も、仏教も、真の宗教である」ということが言えなければならない。事実、コーランには、この「イスラームあるのみ」の後に、

しかるに、聖典を授けられた人々は立派な知（神の啓示による特別な知識）を戴いておきながら、しかも互いに嫉み心を起こして仲間割れを起こした（ユダヤ教、キリスト教、回教〈イスラム〉が元来は同じ一つの宗教「イスラーム」であることを言う）。せっかくアッラーが神兆をお示しになったのにそれを信じようともせぬ者は……、よいか、アッラーは勘定がお早いぞ。

（三章・一七節）

（括弧の中の言葉は訳者・井筒博士の注釈である。以下同じ）

とあるから、イスラームの宗教であれば、ユダヤ教も、キリスト教も、そして仏教も、みな「真の宗教」なのである。ところが、啓示宗教であるユダヤ教徒、キリスト教徒、そしてイスラームの宗教に帰依するムスリムは、「真の宗教はオレなんだ」と仲間割れして争っているとアッラーは言っている。

以下、啓示宗教と真宗とを比較して、グローバルな視点で学んでいこうと思う。しかしながら、「比較」という言葉を使うと、前述のごとく、此方はよいとか、彼方はわるいとかいうように、二者択一的に考えようとする傾向が人間にはあるが、そのような優劣を持ち込んだのでは学問にはならない。あくまでも両者は照らし合い、学び合いして、深めていくことが比較ということであることを重ねてつけ加えておく。

第一章　一とゼロの違い

一　唯一絶対の神

啓示宗教であるユダヤ教、キリスト教、イスラームの宗教は、みな砂漠という厳しい自然環境から生まれているので、彼らの生活は唯一絶対の神を信ずることからはじまる。したがって、一が彼らの生活の基本にあることを私たち日本人は知らなければならない。

私たち日本人はほとんど砂漠というものの厳しさを経験していないから、「月の砂漠をはるばると～♪」などと、ロマンチックな気分で童謡を歌う人が多いのだが、私はイスラエルで星空の夜、広い砂漠に一人立ったとき、深閑とした真っ暗闇のなかでまたたく星を見上げながら、日頃威張っている私は何と小さな存在であることよと思ったし、また砂漠の厳しい自然環境では、自分勝手な考えで生きていくことは不可能であって、真っ暗闇の彼方から聞こえてくる他者なる神の声を信じることによって、はじめて人間は生きていくことが可能になるのだということを、おぼろげながら感じ取ったのであった。したがって砂漠の民にとっては、他者なる唯一絶対である神と私、神である主《あるじ》と奴隷である私との関係しかないのである。

そこで、ユダヤ教から考察をはじめてみよう。ユダヤ教の成立は旧約聖書の『創世記』と共にあると言われている。『創世記』の第一章から第一一章までが原初史といわれる神話的な部分で、第一二章から、ユダヤ民族の祖アブラハムが登場し、次いでイサク、ヤコブ、ヨゼフと族長時代が続く。そうして神がアブラハム、イサク、ヤコブに現れて、彼らと契約を結んだので、ユダヤ民族の神は「アブラハム、イサク、ヤコブの神」と言われてきている。そのようなユダヤ民族の歴史を、ニコラス・デ・ラーンジュは『ユダヤ教入門』（柄谷凜訳、岩波書店、二〇〇二年）の中で、完結にまとめている。

聖書はひとつの物語を語るが、その人間の物語のなかに、神は最初の瞬間から深く巻き込まれている。混沌から世界を創造し、人類を「みずからの姿と形に似せて」創造したのは、神だった。のちに、神はアブラハムとイサクとヤコブ、そしてその子孫、イスラエルの民を選び、契約を結んだ。彼らがエジプト人の奴隷になったとき、神は、彼らを救い出し、砂漠の中で食物を与え、シナイの山でトーラーを与えた。それから、神は、約束の地に彼らを導き、彼らがそこの住人たちを征服するのを助け、ついには、ソロモン王がその首都エルサレムに建てた神殿に、住むようになった。ソロモンの時代のあと、王国は二つに分裂し、悪事への罰《ばつ》として、北の王国はアッシリア人に滅ぼされ、南の王国も後にバビロニアの王ネブカドネザルに攻められた。ネブカドネザルは、神殿を破壊しつくし、人々を捕虜として連れて行った。七〇年間の捕囚《ほしゅう》のあと、勝利者のペルシャ王キュロスが、人々が帰郷して神殿を再建することを許した。神は、ある日、この歴史の循環を最終的な介入によって終わらせるだろう。その時イスラエルは、神の王権のもとでエルサレムから世界を支配し、ほかのすべての国が神の支配を受け入れることになる。

（二三〇～二三一頁）

トーラーとは「モーセ五書」、すなわち、旧約聖書の、『創世記』『出エジプト記』『レビ記』『民数記』『申命記』のことである。彼らユダヤ教徒にとって、トーラーは信頼のおける古代の歴史書であり、そしてまた契約書という性質のものである。

聖書によれば、アブラハムが九十九歳のとき、神はアブラハムに現れて、

わたしはあなたと契約を結ぶ。

あなたは多くの国民の父となるであろう。

（『創世記』一七章・四節）

と言われたのであった。ところがコーランによれば、

啓典の民よ、お前たちはなぜイブラーヒーム（アブラハム）のことでそう言い争いをするのだ（当時アラビアのユダヤ教徒とキリスト教徒は、アブラハムがユダヤ教徒だった、いやキリスト教徒だったと盛んに論争していた）。律法が啓示されたのも福音が啓示されたのもみんな彼（アブラハム）以後のことではないか。こんなやさしいことがわからないのか。

……（三章・五八節）

よいか、イブラーヒームは、ユダヤ教徒でもなかった、キリスト教徒でもなかった。彼は純正な信仰の人、全き帰依者だったのだ。偶像崇拝のたぐいではなかった。

（三章・六〇節）

と言っているので、イスラームの宗教はムハンマドが興《おこ》したものではあっても、ユダヤ教やキリスト教と同じように、アブラハムの宗教なのである（『コーラン』二二章・七七節）。したがって、ユダヤ教、キリスト教、イスラームの宗教は、みな兄弟関係にある。

ところで、『創世記』ではアブラハムに現れた神から、アブラハムは、

あなたと後の子孫とは共に代々わたしの契約を守らなければならない。あなたがたのうち、男子はみな割礼を受けなければならない。これはわたしとあなたがた及び後の子孫との間のわたしの契約であって、あなたがたの守るべきものである。……あな

たがたのうちの男子はみな代々、家に生まれた者も、また異邦人から銀で買い取ったあなたがたの子孫でない者も、生まれて八日目に割礼を受けなければならない。あなたの家に生まれた者も、あなたが銀で買い取った者も必ず割礼を受けなければならない。こうしてわたしの契約はあなたがたの身にあって永遠の契約となるであろう。割礼を受けない男子、すなわち前の皮を切らない者はわたしの契約を破るゆえ、その人は民のうちから断たれるであろう。

（一七章・九〜一四節）

と言われたとある。したがって、ユダヤ教徒としての資格は、神との契約に基づいて、割礼を受けなければならないのである。しかも割礼を受けるということは、神の民、すなわち選民の印でもある。神はさらにイサク、ヤコブに現れ、特にヤコブの前に現れた一人の人がヤコブと夜明けまで格闘したとき、

その人は言った、「あなたはもはや名をヤコブと言わず、イスラエルと言いなさい。あなたが神と人とに、力を争って勝ったからです」。ヤコブは尋ねて言った、「どうかわたしにあなたの名を知らせてください」。するとその人は、「なぜあなたはわたしの名をきくのですか」と言ったが、その所で彼を祝福した。

（『創世記』三二章・二五〜二九節）

ということで、個人の名であると同時に部族の名であるヤコブの名は、イスラエルと改名

されたのであった。ちなみに「イスラエル」とは「神と争う者」という意味である。つまり、神への疑問と取り組まねばならないのがユダヤ民族なのである。そのことから疑問を持つということが思考している証明になるということで、彼らの子どもたちは何事も受け身的に習うのではなくて、積極的に疑問を持って取り組んでいくことが教えられている。イスラエルとは神への疑問と取り組むことだと言ったが、しかし彼らは神の存在を否定するということは絶対にないことを付言しておく。

時代が下《くだ》って、ユダヤ民族をエジプトから救い出したモーセに現れた神が「アブラハム、イサク、ヤコブの神」と同じ神であるということで、ヤコブの子孫であるイスラエル人も自分たちの神としてモーセに現れた神を信仰したのであった。それゆえイスラエルという名は、信仰を共有するユダヤ民族全体の意味で用いられるようになって今日に至っている。

ところで、一九五八年にイスラエルの外交官であったミハエル・シロ氏と結婚したルース・シロさんは『ユダヤ式育児法』(コマ書房、一九七六年)という本を書いているのだが、その本によれば、子どもが就寝するためにベッドに入ると、ユダヤの母親は子どもが眠りに落ちる短い時間に、必ず旧約聖書を読んで聞かせるという。

ユダヤの伝統に従って、母親が読む本は、多くの場合、旧約聖書です。もちろん、聖書そのものに、子供が理解できない箇所も数多くありますから、母親が、それをかみくだいて、やさしい物語にして、読んであげるわけです。

この聖書の物語の中で子供たちがもっとも好むものは英雄たちの話です。モーセの出エジプトの物語、ダビデ王と巨人ゴリアテの物語などに、子供たちは、夢中になり、はるか数千年の歴史を一気に遡《さかのぼ》って、まるで自分がそこにいるかのように、想像力を働かせます。

（八二頁）

子どもたちが想像力を働かせながら、その場に居合わせるかのごとき思いで聞いていくなかに、例えばモーセの『出エジプト記』の内容が、子どもの身についていくということになる。なぜなら、『出エジプト記』には、

私はあなた方をとって私の民とし、私はあなた方の神となる。

（六章・七節）

とあって、神の方からユダヤ民族を選び、ユダヤ民族の神となったことが記されていることを子どもたちは知るはずである。また、『申命記』には、

イスラエルよ、聞け。われわれの神、主は唯一の主である。あなたがたは心をつくし、精神をつくし、力をつくして、あなたがたの神、主を愛さなければならない。

（六章・四節）

と述べられている。したがって、神に選ばれたユダヤ民族は、彼らの唯一絶対なる神、主を信じ、神との契約を守るだけで、ユダヤ教徒であるという証《あか》しとなる。したがって、男

の子は神との契約を守って生後まもないときに、割礼を受けたということと、母親から旧約聖書の話をベッドの中で聞いたという幼児のときの体験が、彼らのアイデンティティを形成すると考えられる。したがって、ユダヤ民族にとって聖書についての子どもに対する教育は、家庭の中でもっとも優先されるべきことなのである。

『詩篇』に、

わたしはどこへ行って、
あなたのみ前をのがれましょうか。
わたしが天にのぼっても、あなたはそこにおられます。
わたしが陰府《よみ》に床を設けても、
あなたはそこにおられます。
わたしがあけぼのの翼をかって海のはてに住んでも、
あなたのみ手はその所でわたしを導き、
あなたの右のみ手はわたしをささえられます。
(一三九章・七〜一〇節)

とある。彼らは世界に散らばって生活しても、ユダヤ教徒としての共通の神を持ち、その神との契約によって律法を守っていくことができるからである。

(キリスト教はユダヤ教を引き継いだ宗教であり、イエスもユダヤ教徒であったから、ここではあえて

言及しないことにする）

二　イスラームの宗教の場合

イスラームの宗教においても、アッラー（al-illaha → allah, the God）は唯一絶対の神である。

告げよ、これぞアッラー、唯一なる神、もろ人の依りまつる神、子もなく親もなく、これとならぶもの絶えてなし。（一一二章・全章）

また、念を押して、

アッラーの仰せには、「汝ら、二神を認めてはならぬ。神はただひとりのみ。さればこの我れこそ汝らの懼《おそ》れうやまうべき者」と。（一六章・五三節）

アッラーは、ご自分が他の（偶像）と一緒にならべられたら絶対にお赦《ゆる》しにはならない。だがそれより手前のことなら（多神崇拝ほど重くない罪ならば）気のお向きになった者には赦してくださりもしよう。アッラーに仲間を認める（アッラーとならべて他の神を同時に拝む）ような者はまことに恐るべき罪を犯したことになるぞ。（四章・五一節）

と言っている。アッラーは唯一絶対的存在として懼れ敬うべきものなのである。したがっ

て、ムスリムは「神の奴隷」なのである。ところが、

　これ、お前たちどうしてアッラーを信仰せぬか、あれほど使徒（マホメット）が主を信仰せよと勧めておるのに。前々から（アッラーと）契約ができているではないか（必ず信仰しますという契約ができている）。え、お前たちも信者ではないか。（五七章・八節）

とコーランにあるから、神との間に「信仰します」という契約があっても、ムハンマドの時代には、他の神を拝んだり、偶像を崇拝する者がいたということである。しかしながらコーランには、

　宗教には無理強いということは禁物。（二章・二五七節）

とあるので、契約に違反する行為をする者がいても、アッラーは悔い改めさえすれば彼らを赦す神であるので、ムスリムの恐れる地獄行きは免れることになる。

三　真宗における阿弥陀如来

　真宗の場合はどうであろうか。真宗の教えは仏教であるので、一切はゼロ、すなわち、一切は空《くう》（如《にょ》）であるという思想によって成り立っている。したがって、阿弥陀如来は、啓示宗教の神のような、唯一絶対である人格神ではない。親鸞の書いた『唯信鈔文意』に、

尽十方無碍光如来ともうすひかりにて、かたちもましまさず、いろもましまさず。無明《むみょう》のやみをはらい、悪業にさえられず。このゆえに、無碍光《むげこう》ともうすなり。無碍は、さわりなしともうす。しかれば、阿弥陀仏は、光明なり。光明は、智慧《ちえ》のかたちなりとしるべし。

（聖典・五五四頁）

とある。阿弥陀如来とはサンスクリットのアミターバ（Amitābha）とタトハーガタ（tathāgata）を中国語に音訳した言葉で、尽十方無碍光如来と中国語で訳されているが、智慧のはたらきを表す言葉である。そうして阿弥陀如来という智慧のはたらきのおかげで、私たちは無明の闇《やみ》の世界から光明の世界、真実の世界に導かれるから、その智慧は「ひかり」で表される。またその智慧のはたらきによって、私たちは真実の世界に目覚《めざ》めることができるとき、智慧のはたらきは慈悲《じひ》でもある。慈悲は「すくい」を意味する。

ところが真宗では、阿弥陀如来を方便法身《ほうべんほっしん》として「かたちやいろのまします」仏に表現して、礼拝の対象にしている。しかも真宗の歴史においては、阿弥陀如来（智慧のはたらき）は、方便の仏として「すがた、かたち」でもって表されるほうが親しみを持たれている。方便という概念は啓示宗教にはないので、彼らには理解しにくいと思うのだが、親鸞は『一念多念文意』の中で、

……方便ともうすは、かたちをあらわし、御《み》なをしめして衆生にしらしめたもうをも

うすなり。すなわち、阿弥陀仏なり。この如来は、光明なり。光明は智慧なり。智慧はひかりのかたちなり。不可思議光仏ともうすなり。この如来、十方微塵《みじん》世界にみちみちたまえるがゆえに、無辺光仏ともうす。しかれば、世親菩薩は、尽十方無碍光如来となづけたてまつりたまえり。（聖典・五四三頁）

と言っている。その場合の方便法身の仏である阿弥陀如来は、親《おや》さまとも言われる人格神である。「かたちもない、いろもない」阿弥陀仏というはたらきが、方便の仏とはいえ、どうして人格神になるのかと言えば、阿弥陀という智慧のはたらきが慈悲として信者の人に受け取られるからだと考えられる。しかも仏教は一切空《くう》の思想であるから、人格神として表されても、啓示宗教の唯一絶対の神とは違って、強力な意志というものはなく、むしろ、親さまと親しみをこめて言われる人格神であるところが、啓示宗教とは異なっている。

妙好人浅原才市《さいち》のうたに、

おやこふたりで、はなしをすれど、
見えぬお顔が、
なむあみだぶつ

というのがある。啓示宗教の神のような強力な意志というものが阿弥陀如来にはないから、顔は見えなくても親と子の心が「なむあみだぶつ」で通っているというのである。また同

じように、妙好人として知られている因幡《いなば》の源左《げんざ》の言葉に、

おらあ、話しいしてもお親さんの入智慧《いれぢえ》だけのう。源左は何も知らんだけつど、知らんまんまでたすけてもらうだけのう。

（柳宗悦、衣笠一省編『妙好人因幡の源左』九七頁、百華苑、昭和五十四年）

とある。彼にとっては、阿弥陀如来は母親と変わらぬ慈悲そのものであるから、「知らんまんまでたすけてもらう」ことができるのであって、あるがままの状態で任せることのできるのは母親だけなのである。しかしながら、親さまの慈悲がわからないで、方便の仏を拝むと、それは偶像崇拝の類になる。その場合でも、阿弥陀如来は怒りを表すことはない。むしろ阿弥陀如来は真実に目覚めよと、「はたらきづめ」なのである。

結語

啓示宗教はみな一神教であるから、ユダヤ教にしろ、キリスト教にしろ、イスラームの宗教にしろ、神は唯一絶対である。一はすべてであり、絶対なのである。したがって、唯一絶対なる神に逆らうものは容赦なく滅ぼしてしまう。例えばユダヤ民族の場合、彼らの故郷はチグリス・ユーフラテス川の河口であったと伝えられている。ところがある日、彼

らの神はアブラハムと契約を結んで言われたのである。

わたしはこの地をあなたの子孫に与える。エジプトの川からかの大川ユーフラテスまで。

(『創世記』一五章・一八節)

ところが、神が与えると約束した地(カナンの地)には多くの異民族が住んでいた。彼らはアブラハム、イサク、ヤコブの神を信じようとしなかったので、ユダヤ民族は、主の命により、これら異民族を次々と滅ぼしていったのである。例えば、『ヨシュア記』に、

これらの町のすべてのぶんどり物と家畜とは、イスラエルの人々が戦利品として取ったが、人はみなつるぎをもって、滅ぼし尽くし、息のあるものは、ひとりも残さなかった。主がそのしもべモーセに命じられたように、モーセはヨシュアに命じたが、ヨシュアはそのとおりに行った。すべて主がモーセに命じられたことで、ヨシュアが行ったことは一つもなかった。

(一一章・一四〜一五節)

とある。ヨシュア軍が勝ったのは、彼らの神の計らいがあったからである。このことは唯一絶対なる神に逆らう者は滅ぼされるということである。このような神を頂くユダヤ教の性格がキリスト教に受け継がれ、彼らの神を信じない異教徒は人間にあらずとして、彼らによって滅ぼされていったことは、インカ帝国の場合やアメリカインディアンの場合など、歴史が示している。現在でも自由と民主主義が唯一絶対であって、その他の思想を認めよ

うとしない、時と場合によっては抹殺しようとする考え方があるが、これも一神教から派生した考え方であるように思う。

しかしながら同じ一神教でも、イスラームの宗教は「真の宗教はイスラームあるのみ」とアッラーが言っているので、神や仏に全身全霊でもって帰依することを教える宗教であれば、真の宗教として認めているから、イスラームの宗教は他の啓示宗教よりも仏教に近い宗教と言えるであろう。

その仏教であるが、真宗の場合は、一切は空《くう》（ゼロ）という仏教の教えによって成り立っている以上、阿弥陀如来はいろもなく、かたちもなく、空《くう》のはたらきそのものであり、絶対者としての強力な意志というものはない。むしろ、阿弥陀如来はユダヤ教徒も、キリスト教徒も、ムスリムも、宗教は違っていても、その違いを認めて共存していくという、空《くう》の思想、言いかえれば、慈悲の考えを持っているから、唯一絶対者の父親のような冷たさよりも、母親のようなぬくもりを感じさせると言えよう。

第二章　神の名を唱えること（すなわち称名）について

一　ユダヤ教では神の名は口にしてはならない

『出エジプト記』によると、

あなたの神、主の名をみだりに唱《とな》えてはならない。みだりにその名を唱える者を主は罰せずにはおかない。（二〇章・七節）

とある。すでに述べたように、ヤコブが見知らぬ人と格闘したとき、その人はヤコブに、これからイスラエルと名を変えなさいと言ったというのだが、そのときヤコブはその人の名を尋ねたけれど、その人は名を名乗らなかったと『創世記』（三二章・二五～二九節）に書いてある。また『出エジプト記』によると、モーセの前に現れた神は「わたしはあなたの先祖の神、アブラハムの神、イサクの神、ヤコブの神である」と言って、イスラエルの人々をカナンの地に導き出すことを預言《よげん》したとき、

モーセは神に言った、「わたしがイスラエルの人々のところへ行って、かれらに『あなたがたの先祖の神が、わたしをあなたがたのところへつかわされました』と言うとき、彼らが『その名は何というのですか』とわたしに聞くならば、なんと答えましょうか」。神はモーセに言われた、「わたしは、有って有る者」。また言われた、「イスラエルの人々にこう言いなさい、『わたしは有るというかたが、わたしをあなたがたのところへつかわされました』と」。神はまたモーセに言われた、「イスラエルの人々にこう言いなさい、『あなたがたの先祖の神、アブラハムの神、イサクの神、ヤコブの神である主が、わたしをあなたがたのところへつかわされました』と。これは永遠にわたしの名、これは世々のわたしの呼び名である。……」（三章・一三〜一五節）

「有って有る者」とは、「神はおわします」という一なる人格的表現にほかならず、それ以外の表現の方法はないということである。また、モーセに下した十戒の中にも、「あなたの神、主の名をみだりに唱えてはならない」という戒律がある。したがって、今でもユダヤ教徒は、神の名を言ってはいけないし、唱えてはいけないということであるから、神の名を唱えないという。なぜ唱えてはいけないのであろうか。小室直樹氏の『日本人のため

のイスラム原論』（集英社インターナショナル、二〇〇二年）によると、

それは呪術《じゅじゅつ》につながるからだ。……

呪術の本質は、神をして人間にしたがわせるということにある。

その目的をかなえるために、神の名前を呼ぶ、あるいは火を焚《た》く、生贄《いけにえ》を差し出す、呪文を唱えるなどの方法が古来〝開発〟されてきた。

こうした呪術を知っている人のことを、普通は呪術者とか魔術師と呼ぶわけだが、実は古代宗教の神官というのも、みな呪術者のようなものである。

神官たちは「自分は神の僕《しもべ》である」なんて、しおらしい顔をしているが、本当はそんなものではない。彼らが普通の人々、いや、場合によっては王や貴族よりも威張っていられるのは、自由自在に神を操《あやつ》る方法をしているからである。

もし、神官ににらまれたら、たちまちに殺されてしまうかもしれない。そこまでいかずともなにかの罰が当るかもしれない、そう恐れるからである。

もちろん、この場合、殺人を犯したり、あるいは罰を当てたりするのは、神官自身ではない。神官に操られた神や霊が代わりにやってくれるのである。

（二一四～二一五頁）

それゆえ、神の名を教えれば、神の名を唱えて自分の都合のいいように、神を操ることを

するかもしれない。それゆえ、呪術信仰にならないように、ユダヤ民族に神の名を教えなかったのであるというのが小室氏の意見である。氏の意見は卓見であると思う。しかし筆者は、神の名を唱えたり、言ったりしないのは、神は聖であるからだと考える。『レビ記』によると、シナイの山で、

主はモーセに言われた、「イスラエルの人々の全会衆に言いなさい、『あなたがたの神、主なるわたしは、聖《せい》であるから、あなたがたも聖《せい》でなければならない』」

（一九章・一〜二節）

と述べているからである。したがってユダヤ教では、神ご自身の聖性に人々は結びつけれているということが言えるかと思う。そうして神は、

……あなたがたはわたしの聖なる名を汚してはならない。かえって、わたしはイスラエルの人々のうちに聖とされなければならない。わたしはあなたがたを聖別する主である。

（二二章・三二節）

と言っているから、神の名を汚さないために、すなわち小室氏の言うような人間の願い事を聞いて、人間に操られるような神にならないために、イスラエルの人々は神に対して聖でなければならないし、そのため人々は神との契約を守り、神の命令に従わなければならないわけである。

わたしは、あなたがたをエジプトの国から導き出したあなたがたの神、主である。あなたがたはわたしのすべての定めと、わたしのすべてのおきてを守って、これを行わなければならない。わたしの主である。

（一九章・三六〜三七節）

以上のことから、私見によれば、ユダヤ教で神の名を称えることが禁じられているのは神の聖を汚さないためなのである。そして、神の聖を汚さないためには、人々も自分自身の聖を汚さないことが大事であって、そのため、神に服従することと、モーセが神と契約した数々のことを履行《りこう》しなければならないわけである。

かくして、イスラエルの人たちは、彼らの神の名がわからなくなってしまったのであった。そこで聖書学者たちは、主を意味する「アドナイ（Adonaoy）」というヘブライ語でもって神を表した。そのヘブライ語をさらにローマ字で表すと、ＹＨＷＨとなり、それでは発音しずらいので、それにアドナイの四つの母音と対応させると、「イエホワ」となる。日本語の古い聖書では「エホバ」と表されているのは、「イエホワ」のことなのである。今日では「ヤハヴェ」と表すのが普通になっている。

そのヤハヴェは、ユダヤ民族の始祖アブラハムに現れて、彼らを選び、モーセを通して彼らをエジプトから救い出し、律法を与えて、正義と公正でもって豊かで楽しい共同体をつくるようにしてくれた神である。したがって、ユダヤ民族は「歴史の最後まで彼らを導いてくれる神」と信じている。

二　イスラームの宗教では神の名を称える

イスラームの宗教の場合は、アッラーの名は喚《よ》ぶべきものでなければならない。コーランには、

さ、声たからかに主を称えまつるのじゃ。みなと一緒に額《ぬか》ずくがよい。

主にお仕え申せ。必ず来るべきもの（死を意味する）が汝に訪れ来るその時まで。

（一五章・九八〜九九節）


言って聞かせるがよい、「アッラーと喚《よ》んで祈ろうが、慈悲ふかき（御神）と喚んで祈ろうが（なんの違いもありはしない。これは、マホメットがアッラーもいろいろな名前で呼んでいるのを非難した異教徒への応答である）どちらの名で喚んだところで、要するに最高の美称はすべて（アッラー）のもの」と。

それから、礼拝にはあまり大声でどなり立てないように。と言うて、あまり小声でもいけない。ま、その中間を取るようにつとめよ。

（一七章・一一〇節）


とある。後に述べる六信五行の一つ、信仰告白（shadada）では「アッラーのほかに神はい

ない。ムハンマドは神の使徒である（la ilâha illa' llâh muhammadum rasûlu'llâh）」とアッラーの名が喚ばれている。神を懼れ、そしてまた、神の偉業を讃える意味が、イスラームの宗教における称名であり、信仰告白として表現されるのである。

しかしながら、同じ啓示宗教であるユダヤ教とイスラームの宗教との間に、称名《しょうみょう》ということで、このように正反対の違いがあるということはどうしてなのであろうか。思うに、イスラエルの民は割礼をすることによって、神との契約が成立し、その契約を履行するだけで、神の恩寵が得られ、繁栄が約束されているから、神の名を称える必要はないのであろう。ところがイスラームの宗教を信ずるムスリムたちの場合は、割礼ということがないから、いくら「前々から（アッラーと）契約ができているではないか」（五七章・八節）とアッラーが言っても、他の神を拝んだり、偶像崇拝したりして、現世利益を求める人たちが、当時のムスリムの中にはいたためである（六章・一三節、一三八節など）と考える。

三　真宗では称名念仏を勧める

真宗においては、称名念仏を親鸞は勧めている。親鸞は、『教行信証』の『行巻』において、しかれば名を称するに能《よ》く衆生の一切の無明を破し、能く衆生の一切の志願《しがん》を満てたまう。称名はこれ最勝真妙の正業《しょうごう》なり。正業はすなわちこれ念仏なり。念仏はすなわちこれ南無阿弥陀仏なり。南無阿弥陀仏はすなわちこれ正念なりと、知るべしと。

（聖典・一六一頁）

と言っている。しかも親鸞は和讃で、

弥陀大悲の誓願を
　ふかく信ぜんひとはみな
　ねてもさめてもへだてなく
　南無阿弥陀仏をとなうべし

（聖典・五〇五頁）

と言っている。その場合の念仏は、「南無阿弥陀仏をとなうべし」と親鸞が言っているから、自分が称える念仏だと考えられやすい。そうして自分が称える念仏だと考えるから、その念仏は、小室氏の言うような呪術の念仏になり、阿弥陀如来に無病息災、家内安全、商売繁盛を祈願するために使われるようになる。龍谷大学元学長の信楽峻麿《しがらきたかまろ》師は『真宗入門――ここに生命のふる里がある――』（百華苑、一九七七年）で、

親鸞聖人は、浄土真宗の道を示すために、さまざまな宗教を分類し、批判されていますが、それによりますと、宗教には、偽《ぎ》（いつわり）の宗教と、仮《け》（かり）の宗教と、

真《しん》（まこと）の宗教があるといわれます。偽の宗教とは、まったくまちがった、うその宗教ということで、迷信や邪教のことをいいます。仮の宗教とは、まちがった宗教でもなく、まことの宗教でもなく、まことの宗教、真実の宗教に入るために必要な、方便手段としての教えをいいます。真実の宗教に達するためには、どうしても必要な、たいへん大切な意味をもっているものです。そして真の宗教とは、人間がその生命《いのち》をほんとうに生きるためには欠くことのできない教えのことで、万人がひとしく帰依すべき真実の宗教をいいます。

（八二～八三頁）

と言っている。そうして、偽の宗教において称えられている念仏は、現世祈禱の念仏と死者儀礼の念仏であると言い、念仏を称えていても、なにかの御利益を祈るためのものになっているからであると師は定義している（八四頁）。親鸞聖人は『歎異抄』の中で、

親鸞は父母《ぶも》の孝養《こうよう》のためとて、一返にても念仏もうしたること、いまだそうらわず。

（聖典・六二八頁）

と言っていることは周知の通りである。ちなみに師の言う真実の宗教において称えられる念仏とはどういう念仏かと問えば、信楽師は、

……まことの念仏とは、何よりもこの世のむなしさと、みにくさとを、深くいとうという心と、つねにかわることのない真実をねがう心にささえられた、いちずに浄土を

思い、仏をめざす念仏でなければなりませんが、もしも念仏が、このように私から仏への方向のみにとどまっていたならば、それは決してほんものの念仏にはなりません。そういう私から仏への方向における、ひたすらな念仏が、またそのまま同時に、逆に仏から私への方向をもった念仏として、私の日々のいきざまが、その仏の心、浄土の心によって根元的に問われてくるような念仏になった時、はじめてほんものの念仏になるのです。私が「南無阿弥陀仏」とお念仏しながら、その念仏をとおして私自身のありのままのすがたが、その煩悩具足の胸の中、生死無常の人の世が、いよいよ知られて、私の脚《あし》もとがつきくずされ、底がぬけて、何もかもからっぽになってゆくならば、そこに成り立つ念仏こそ、真の念仏、ほんものの念仏というのです。それは「私が仏を念じる」私の念仏であるとともに、「仏が私を念じている」仏の念仏ともいいうる念仏であります。

（八九〜九〇頁）

と答えている。甲斐和利子《かいわりこ》氏も、

御仏をよぶわが声は

御仏のわれをよびます御声なりけり

とうたっている。したがって念仏は、私の称える念仏であるとともに阿弥陀如来の念仏、私が自分のものとしている念仏ではなくて与えられた「智慧の念仏」、しかも阿弥陀如来のはたらきが私の口から飛び出してくる「なむあみだぶつ」がほんものの念仏であって、アッラーに帰依し、アッラーの偉業を讃えて「わたし」が称えるムスリムの称名とは違うわけである。したがって、源左の言葉で言えば、「何も知らんだけつど、知らんまんまでたすけてもらうだけ」の念仏ということになる。呪術の念仏ではないところに真宗の特色がある。

コーランには、

アッラーこそは信仰ある人の保護者。彼らを暗闇から連れだして光明へと導き給う。

（二章・二五八節）

とあるが、ほんものの念仏は「智慧（阿弥陀如来）の念仏」であるがゆえに、私たちを暗闇から光明の世界へと連れ出してくれる「はたらき」であると言うこともできよう。

それゆえ、親鸞は、

真実信心の称名は
弥陀回向《えこう》の法《ほう》なれば
不回向となづけてぞ
自力の称念きらわるる

（聖典・五〇三頁）

と言っているように、自分が称える念仏（自力の念仏）では光明の世界に生まれることはできない。

結語

最近は門徒であると言いながら、仏前で手を合わせるだけで、称名念仏をしない人が増えてきた。その理由はいろいろあろうが、小室氏の言うように、称名念仏が呪術であるとか、または呪術信仰であるように思っているから、念仏は嫌いだという理由なのかもしれない。また教育が普及すればするほど、宗教は無学無知な人の信ずるものであって、教育を受けた人は理性的に行動すればそれでよいと思っている人もいる。日本では、無宗教をもって自認している人が増えてきた。教育の現場で、人間は宗教が無くたって理性的判断さえできれば立派な人間になれるという錯覚が教えられて、無宗教を誇りにし、自慢している人を創り出しているのかもしれない。なぜなら理性を信仰する人は、「人をモラルある行動に導くものは理性だ」と信じているからである。

しかしながら、わが国の学校では、学級破壊が起きているし、殺傷事件が低年齢層にまで広がっている有り様を見ると、理性が宗教と入れ替われるものかどうかすこぶる疑わしい。しかも理性は物事を善悪とか正・不正などと分別するけれど、その分別の基準になるものは、わが国の学校では、何一つ教えていない。そのため、例えば、学級破壊とか殺傷騒ぎを起こすような生徒や、あるいは汚職事件というようなことをする人たちなど、社会通念に反するようなことやモラルに反する行動に走る人が現れても、そのような人たちは、逆にモラルに反する行動を正当化するために、理性を利用している有り様である。

ところが、ユダヤ教の場合は、すでに見てきたように、人は神と結んだ契約によってできた『律法』（あるいは律法の解説や注釈書である『タルムード』）というものが理性的判断や行動の基準になっているから、加瀬英明氏の『ユダヤの力』によれば、ユダヤ人の子どもたちは長じるにしたがって古い独特の文化を持っていることを誇るようになると言う（三三頁）。「古い独特の文化」とは、言うまでもなく、戒律による生活ということである。氏はユダヤ人の社会に落伍者は出ないとも言っているが、その理由は、『タルムード』に「その人でなければ持っていない力を引き出すことが、教育だ」と説いてあるからだと言う（六八頁）。

そういえば、教育（英語のeducation）の元になっているラテン語educereは、eは「外へ」、ducereは「引き出す」という意味であるから、西欧の教育はユダヤ教の『タルムード』に起源があるのかもしれない。今の日本人は子どもの教育に熱心であっても、学校や塾で、子どもたちはすべて受け身で学んでいる場合が多く、受け身で学ぶ限り、生来備わっている創造力は引き出されるどころか、抹殺されてしまうと加瀬氏は言っている。勉強に無気力で、遊ぶことも知らない子どもたちに、理性的判断の基準になるものを与えることが急務だと思うとき、宗教教育の役割の大きさということを感ずるのである。

　ユダヤ教徒は、疑うことが思考力を持つ始まりと考えているから、学ぶことに積極的であり、神までも疑うのである。しかしながら、彼らの生活は『律法』や『タルムード』によりどころがあるから、神を疑っても神を捨ててしまうことはしない。しかも『律法』や『タルムード』に反する行動をとれば、神からの罰（それは滅びるということ）はまぬがれないと考えているからである。

　イスラームの宗教ではアッラーの名を唱えることを勧めている。アッラーの名を唱えることが、ムスリムにモラルある生活を送らせているように考える。例えば、夫婦の間で口論があっても、礼拝の時がきて、アッラーの名を唱えると、夫婦の間での口論のことは忘れてしまうという。アッラーの恵みのおかげで、生活できる喜びをアッラーの名を唱えて感謝するのであるならば、報恩感謝の念仏を称える真宗門徒と同じである。

　真宗の教えは、出家者のための教えではなく、世俗《せぞく》の世界で生きる在家の人たちの教えである。五濁《ごじょく》悪世《あくせ》といわれる汚れた、悪のはびこっているこの世の中で生活している人たちが、称名念仏するだけで救われるという、庶民のための教えを説くのが真宗である。

親鸞は隠遁者《いんとんしゃ》のごとき出家の生活をするのを止めて、肉食妻帯《にくじきさいたい》という庶民と同じ生活をしながら、念仏を実践した人であった。庶民の生活には喜怒哀楽がつきものである。喜びや楽しみはさておいて、不幸災難に遭《あ》って、怒ったり悲しんだりするときに、念仏はどういう役割を果たすのだろうか。自力の念仏であれば、間違いなく呪術になってしまうし、あるいは死者のための念仏になってしまう。親鸞の勧めた念仏は本願他力の念仏である。

『歎異抄』で親鸞は、

善悪のふたつ総じてもって存知せざるなり。そのゆえは、如来の御《おん》こころによしとおぼしめすほどにしりとおしたらばこそ、よきをしりたるにてもあらめ、如来のあしとおぼしめすほどにしりとおしたらばこそ、あしさをしりたるにてもあらめど、煩悩具足の凡夫、火宅無常の世界は、よろずのこと、みなもって、そらごとたわごと、まことあることなきに、ただ念仏のみぞまことにておわします。（聖典・六四〇～六四一頁）

と言っているように、本願他力の念仏は自分の内面をきびしく問うから、煩悩具足の凡夫である自分が照らし出されてくる念仏である。その場合、「よろずのこと、みなもって、そらごとたわごと、まことあることなきに」と言いながら、そらごと、たわごとである世間の「よろずのこと」に惑わされている自分を「恥ずべし、傷《いた》むべし」（聖典・二五一頁）と悲嘆にくれながらの念仏となる。

私たちは火宅無常の世界であるこの世間に身を置いて生活していると、ついついお金とか、地位とか、名誉とか、あるいは親、兄弟、妻、夫、子どもなどを「まこと」と思い込んで生活している。それらは「まことあることなきに」で、当てにはならないものなのだが、当てにならないものを当てにして生きているから、不幸災難などに遭うと右往左往しなければならなくなる。

この世の生活をしていると、ついつい当てにならぬものを当てにしてしまって、まことである念仏を忘れがちになってしまっているのが私たちの生活の実状である。念仏を称えながら、まことあることなきものを当てにしている自分に気がつき、そうして念仏のみが当てにすることのできる「まこと」なのだということに気がつくとき、阿弥陀如来のはたらきが、あさましい自分にいつもはたらいているのだなあということが確認できるのである。それが親鸞の言葉で言えば「大悲ものうきことなくて常に我が身を照らすなり」という賛嘆であって、そのとき申し訳ないという思いになるならば、申し訳ないという悲嘆の心が賛嘆の心と一つになって、念仏となるというのが本願他力の念仏である。「智慧の念仏」と言われる理由である。

したがって、親鸞の勧める念仏はこの世の中にどっぷりとつかる生活をしながら、この世を超えた浄土の真実に目を向けた生活をするというものである。別な言葉で言えば、本願他力の念仏は、世と共に世を超えていく在り方というか、あるいは「仏仏相念《ぶつぶつそうねん》」の生活というか、そういう生活こそ「まことの生活」を送る念仏者であると教えている。

第三章　神（阿弥陀如来）の属性について

一　ユダヤ教の神の属性

ユダヤ教の神である主《エホヴァ》は、今まで見てきたように、「創造神」であり、「最高の唯一絶対の神」である。「唯一絶対」であるから、「命令への従順を要求する神」でもある。『申命記』には、

もし、きょう、あなたがたに命じるわたしの命令によく聞きしたがって、あなたがたの神、主を愛し、心をつくし、精神をつくして仕《つか》えるならば、主はあなたがたの地に雨を、秋の雨、春の雨ともに、時にしたがって降らせ、穀物と、ぶどう酒と、油を取り入れさせ、また家畜のために野に草を生えさせられるであろう。あなたは飽きる

ほど食べることができるであろう。あなたがたは心が迷い、離れ去って、他の神々に仕え、それを拝むことのないよう、慎まなければならない。（一一章・一二〜一六節）とある。命令に従順であるかぎり、繁栄が約束されている。ところが不服従であるならば、罪として死が用意されてある。同じ『申命記』に、

見よ、わたしは、きょう、命とさいわい、および死と災いをあなたの前に置いた。すなわちわたしは、きょう、あなたにあなたの神、主を愛し、その道に歩み、その戒《いまし》めと定めと、おきてとを守ることを命じる。それにしたがうならば、あなたは生きながらえ、その数は多くなるであろう。またあなたの神、主はあなたが行って取る地であなたを祝福されるであろう。しかし、もしあなたが心をそむけて聞きしたがわず、誘われて他の神々を拝み、それに仕えるならば、わたしは、きょう、あなたがたに告げる。あなたがたは必ず滅びる。（三〇章・一五〜一八節）

それゆえ、エホヴァは「復讐《ふくしゅう》の神」でもある。「復讐の神」であるから、「排他的な神」である。

あなたの神、主が、あなたの行って取る地にあなたを導き入れ、多くの国々の民、ヘテびと、ギルガシびと、アニルびと、カナンびと、ペリジびと、ヒビびと、およびエブスびと、すなわちあなたよりも数多く、また力のある七つの民を、あなたの前か

ら追いはらわれる時、すなわちあなたの神、主がかれらをあなたに渡して、これを撃たせられる時は、あなたは彼らを全く滅ぼさなければならない。彼らとなんの契約をもしてはならない。彼らに何のあわれみをも示してはならない。また彼らと婚姻をしてはならない。あなたの娘を彼のむすこに与えてはならない。彼の娘をあなたのむすこにめとってはならない。それは彼らがあなたのむすこを惑わしてわたしにしたがわせず、ほかの神々に仕えさせ、そのため主はあなたがたにむかって怒りを発し、すみやかにあなたがたを滅ぼされることとなるからである。（七章・一～四節）

したがって、主の命令に従わなければならないから、ユダヤの民に渡された民族を撃たなければならないし、彼らとは妥協はしないのである。それが神との契約なのであるから、契約を履行しなければ、彼らは滅ぼされることになる。このようにして、エホヴァはユダヤの人たちに、今の言葉で言えば、掠奪を勧めるようなことを命じ、ユダヤ民族の唯一の神として彼らを支配したのである。

二　アッラーの属性

アッラーの場合は、九十九の名前がその属性を表している。それは神が九十九ないしそれ以上のそれぞれ違った顔を持っていて、状況に応じ、しかも限定的に、人間と人格的に関係するということを意味している。コーランのどの章でも、

慈悲ふかく慈愛あまねきアッラーの御名において……

という言葉で始まっているが、「慈悲ふかく慈愛あまねき」というのも、アッラーの名前であるとともに、アッラーの属性を表している。「慈悲ふかく（ラフマーン）」とは無差別の慈悲、井筒博士の言葉で言えば、無償の慈悲という意味であって、この世のありとあらゆるものを神の現れ、コーランで言えば、徴《しるし》（アーヤ）とみるのである。

まことに天と地の創造のうちに、夜と昼との交替のうちに、人々に益なす荷を積んで海原を逝《ゆ》く舟のうちに、そしてまたアッラーが空から水を降らせて枯死した大地を蘇生させ、そこにあらゆる種類のけだものをまき散らす、その（雨）のうちに、風の吹き変わりのうちに、天と地の間にあって賦役する雲のうちに、頭の働く人々ならば（神の）徴を（読みとることができる）はず。（二章・一五九節）

それゆえ、太陽、水、空気、草、木など、周《まわ》りにあるすべてのものが、人間のために創造されたものであり、神の意志の現れなのであるから、それらは神はおわしますという徴であり、神の私を生かそうとする慈悲でもあると考えられる。それらは神のラフマーンなのである。

神の「慈愛あまねき（ラヒーム）」について言えば、これは井筒博士の言葉では、差別的慈悲という意味ということである。例えば、最愛の妻とか、あるいは夫、または子どもを亡くしたとき、私たちは「神も仏もあるものか」と言って、嘆き悲しむが、それもアッラーの慈悲なのである。コーランには、

地上に起こるいかなる災害も、お前たちの身に起こるいかなる災難も、我らがそれを引き起こす以前に、（天の）帳簿についている。アッラーともなれば、それくらいわけないこと。だからお前たち、何か取り遁《に》がしたと言うて悲しがることもない。元来アッラーは、あまりいい気になりすぎて、つけ上がるような者はお好きではない。そのような者にかぎって自分もけちなら他人にまでけちを勧める。尤《もっと》も誰が背をむけようと、実はもともとアッラーにはなにも要りはせぬ。栄光に輝く御神におわします。

（五七章・二二〜二四節）

というように説かれている。そのほか神の名として「創造」とか、「全知」「裁《さば》きの日の主催者」「怒り」「復讐」「憎悪」「忍耐」「光」など、アッラーには全部合わせて九十九の名前があるのだが、「怒り」「復讐」「憎悪」という、われわれ日本人の理解している慈悲とはほど遠い、恐ろしい一面を持つ神でもある。このようなアッラーの属性は、ユダヤ教の神の属性と似ていると言えよう。コーランには、

もしアッラーの下さる神兆に不信の態度を取るような者があれば、いまに厳しい罰に合うであろうぞ。アッラーはその権能限りなく、恐ろしい復讐の神におわします。

（三章・三節）

というアッラーの言葉もある。「いまに厳しい罰に合うであろうぞ」とは最後の審判のとき、神の前に一人立たされて、地獄行きが宣告され、地獄の猛火の中に投げ込まれることを意味している。コーランには、

摑《つか》まえよ、縛りつけよ（アッラーが地獄の番人どもに命令しているところ）、それから地獄で焼いてやれ。焼いたら今度は七十尺の鎖でぐるぐる巻きにしてやれ。この者は（現世にいた頃）偉大なアッラーを信じなかった。貧乏人の養いを勧めることをしなかった。その報いで、今日、ここでは為を思ってくれる友とてなく、食い物といってはどろどろの膿汁ばかり。罪人だけが食べる食い物。

（六九章・三〇〜三七節）

と、地獄での恐ろしい情景が述べられている。アッラーに背を向けているユダヤ人に対してもアッラーは同様に言っている。

イスラエルの子らよ、わしが汝らにほどこしてやったかっての恩恵を憶《おも》い起こすがよい。そしてまたわしが汝らを他の全ての民にまして寵愛してやったこと（ユダヤ民族の選民性）も。誰も他人の身代わりになれず、取りなしも容れられず、償いも取っ

て貰えず、誰も助けて貰えない日のことを畏《おそ》れ憶うがよい（最後の審判の日、各人は自分ひとりだけで神の裁きの前に立つ）。（二章・四四～四五節）

ところが、現世にいる間、神を畏れて生活をした人は、最後の審判のときに楽園に導き入れられることが決められている。コーランは言う。

だが神を懼れる人々には絶対安全な場所がある。一面の緑の園、見はるかす葡萄《ぶどう》畑。また、胸のふくれた乙女たち、年齢《とし》ごろも丁度似合い。それに溢れる盃なみなみと。ここではもう馬鹿話や嘘いつわりを聞かされることもない（現世とは違う）。これみな汝（マホメット）の主の下さる御褒美で、賜りもので、決算で。（七八章・三一～三六節）

楽園の描写は感覚的に表現されている。このように、アッラーは唯一絶対の神であり、慈愛の神である。そうして、さらに、真宗の阿弥陀仏にはない、「怒りの神」でもある。それゆえ、「神を懼《おそ》れる者」とは、神を信じ、イスラームする人のことで、真宗においても「帰命」は「イスラーム」と同じ意味ではあるが、「イスラームする人」と「帰命する人」とでは異なる響きを感じる。とにかくアッラーは、

これぞこれ、アッラー、万物を創造し、創始し、形成するお方、あらゆる最高の美名を一身に集め給う。（五九章・二四節）

神なのである。

三　阿弥陀如来の属性

阿弥陀如来の属性は、アッラーと同じように、いろいろある。親鸞は『教行信証』の『信巻』で、

阿弥陀如来は、真実明《しんじつみょう》、平等覚、難思議、畢竟依《ひっきょうえ》、大応供《だいおうぐ》、大安慰《だいあんに》、無等等《むとうどう》、不可思議光と号したてまつるなり、と。（聖典・二三九頁）

と言っている。しかしながら、阿弥陀の原語は「無量寿（Amitāyus）」「無量光（Amitābya）」であるから、「無量寿」「無量光」ということで、阿弥陀如来の属性を考えるのが普通である。「無量寿如来」というのは「私を生かそうとする数限りない無量のいのち（寿）のはたらき（如来）」ということであるので、アッラーの属性のひとつである「慈悲ふかく《ラフマーン》」と同じ「無差別の慈悲」と考えられる。しかしながら、阿弥陀如来にはアッラーの「慈愛あまねき《ラヒーム》」と言われる「差別的慈悲」はない。そのような意味から、阿弥陀如来は「親さま」と言われる理由があるのであろう。それから、イスラームの宗教では、私を取り巻く一切のものは、アッラーの「慈悲ふかく《ラフマーン》」であり、アッラーの創造のあらわれであるのだから、「神兆《アーヤ》（ayah）」という言葉で表現されるのに対して、真宗の場合は私

を取り巻く一切のものは、私を生かそうとする無量のいのち（寿）のはたらき（如来）であり、そのはたらきは如来のお慈悲として表現されている。

結局、両者は同じことを言っているように思われるかもしれないが、実は根本的な違いが両者にはある。すなわち、アッラーはラフマーンの心、慈悲深い心から、私たち人間のために一切のものを創造したのであるが、それら一切のもの、牛や馬や駱駝《らくだ》、あるいは食べ物や飲み物など一切のものは、あくまでも「もの」なのである。一方「無量のいのち」とは、私を取り巻く一切のもの、牛や馬や駱駝、あるいは食べ物や飲み物など一切のものは、「もの」ではなくて「いのち」を持った存在（有情《うじょう》）なのであり、それら牛や馬や駱駝など、一切の生きとし生ける存在の「いのち」を私は戴《いただ》いて、今の私の「いのち」にさせてもらって、今このように生きているのであると、真宗では教えている。したがって真宗門徒は食事のときに、手を合わせて、「私」を生かすために犠牲《ぎせい》になった「もの」に感謝し、その「いのち」を戴いて、今日一日の「私」の行動のエネルギーにさせてもらいますという心をこめて、「戴きます」とお礼を言ってから、食事をはじめるのである。『歎異抄』で、

一切の有情は、みなもって世々生々の父母《ぶも》兄弟《きょうだい》なり。いずれもいずれも、この順次生《じゅんじしょう》に仏になりて、たすけそうろうべきなり。

（聖典・六二八頁）

と親鸞が言っているように、「無量寿」である一切の存在（有情）は、人間と平等の「いのち」を持った存在なのであって、人間のためにある「もの」ではないのが啓示宗教と違う点である。

また「無量光如来」とは、仏の智慧が光となって、「人間の知恵ではなく仏の智慧に目覚めてくれ」という「私」への限りない「はたらき」のことであるから、そのはたらきは慈悲である。中国の善導《ぜんどう》大師は『玄義分《げんぎぶん》』で、

阿弥陀仏というはその行なり。（聖典・一七六頁）

と言っているのも、阿弥陀如来の限りない智慧のはたらきが、慈悲としてはたらいていることを「行」と言っているのである。すなわち、智慧の「はたらき」によって、「私」が真実に目覚めるとき、その「はたらき」は闇の世界から光明の世界へと導き出してくれたお慈悲であるから「行」である。そのとき、感謝の心が念仏となって湧き出してくる。それを「信心《プラサーダ》（prasāda）」と言う。

真宗における「信心」は「プラサーダ」であって、「目覚める」ことの意味である。啓示宗教で言う faith とか belief とは違うことも知っておかねばならない。「プラサーダ」は英語で言えば、awakening《アウエイクニング》である。それは私のような「つまらぬ者（罪悪深重の凡夫）」でも「生かそうとするはたらき（行）が私を取り巻いている」ということに「気がつく」

とき、すなわちアウェイクニングするとき、私の心は「ありがとうございます」という感謝の思いでいっぱいとなるはずである。それが真宗の信心である。親鸞の場合も、

> 弥陀の五劫思惟の本願をよくよく案ずれば、ひとえに親鸞一人がためなりけり。
> (聖典・六四〇頁)

と言って、阿弥陀如来のお慈悲を感謝の思いで喜んだ親鸞である。したがって、「信仰」と「信心」は意味が違うわけである。

ところで井筒博士によれば、イスラームの宗教では「感謝」するということが「信仰」と同じ意味を持つという。

> こうして「感謝《シュクル》」(shukr)が重要な宗教的概念となる。その重要性は「感謝」がイスラーム的信仰概念そのものの中に組みこまれて、それの内的構造を決定するところにある。事実、コーランでは「神を信じる」というかわりに、よく「神に感謝する」という表現が使われる。「感謝する人々」(shākirûn)とは「信仰ある人々」(mu'minûn)のほとんど同義語である。要するに、神の間の側面に関するかぎり、コーランの言語用法では、「感謝」(shukr)は「信仰」(Îmân)の同義語である。
> (『イスラーム誕生』一五五頁、人文書院、一九八三年)

しかしながら、「感謝」すると言っても、何事も「感謝」「感謝」というわけにはいかな

いことだってあるはずである。例えば、前にも述べたように、最愛の肉親を亡くしたり、子どもに先立たれたり、事業がうまくいかなかったり、等々のことが日常生活にあるからである。その場合、イスラームの宗教では、神の「差別的慈悲《ラヒーム》（rahīm）」ということで説明するのであろうが、真宗においては、それは自分が引き受けなければならない逃《のが》れられない「因縁《いんねん》」として、あるいはわが身に背負わされた「業《ごう》」として、受けて立つというのが「念仏の智慧」であると説明する。

「因縁」とか「業」とかいうと、何か運命論的な、暗い響きに聞こえ逃げ出したくなるが、運命であろうが、業であろうが、逃げ回らないで、それを引き受けて立ち上がるとき、運命として諦《あきら》めていた暗い自分の人生（化土）が、光り輝く世界（光明土）に変わるのである。『観無量寿経』の言葉で言えば、「地獄の猛火、化して清涼の風となる。もろもろの天華を吹く。華の上にみな化仏菩薩ましまして、この人を迎接す」（聖典・一一〇頁）ということであろう。何事も感謝、感謝で毎日を暮らすことのできない煩悩具足の凡夫である「私」を、救わずにはおかぬという阿弥陀如来の属性が、いよいよ頼もしい限りである。

結語

啓示宗教における神はすべて唯一絶対で、父親のような存在である。それに反して、仏教は空の宗教であるから真宗の阿弥陀如来は一切をそのまま受け取る母親のような存在である。したがって、啓示宗教には「厳しさ」という雰囲気があり、真宗には「あまえ」という雰囲気があると言ってもよいであろう。啓示宗教は神にそむくものを容赦なく滅ぼしてしまうが、真宗では阿弥陀如来はそむくものでも、「大悲ものうきことなくて　つねにわが身をてらすなり」ということで、気がつくのをじっと待っているのである。なぜなら、阿弥陀如来のはたらきが自分にあると気がつくとき、『観無量寿経』にあるように「地獄の猛火、化して清涼の風となる」で、世の中が三六〇度変わって見えてくるようになる。その時をじっと待っていることを、真宗では「五劫思惟の願」と言っている。長い間にわたって、気がついてくれよ、わかってくれよと、阿弥陀如来は母親のように願をかけているというのである。

第四章　偶像の禁止

一　ユダヤ教では偶像を禁止する

『出エジプト記』には、

わたしはあなたの神、主であって、あなたをエジプトの地、奴隷の家から導き出した者である。あなたはわたしのほかに、なにものをも神としてはならない。あなたは自分のために、刻んだ像を造ってはならない。上は天にあるもの、下は地にあるもの、また地の下の水のなかにあるものの、どんな形をも造ってはならない。それにひれ臥してはならない。それに仕えてはならない。あなたの神、主であるわたしはねたむ神であるから、わたしを憎むものには、父の罪を子に報いて、三、四代に及ぼし、わたしを愛し、わたしの戒めを守るものには、恵みを施して、千代に至るであろう。

（二〇章・二〜六節）

とある。同じような記述は『申命記』（七章・二五節）にも「あなたは彼らの神々の彫像を火に焼かなければならない」とある。したがって、日本の雛人形や五月人形をはじめとするいろいろな人形とか、人間の彫刻とか、十二支の像などは、ユダヤ教では禁じられるべきものである。

しかしながら、「刻んだ像を造ってはならない」というのであるから、彫刻のような立体的な像は造ってはいけないのだけれども、モザイクとか、壁画は作ってもよいという考え方があったようである。吉沢京子氏の『旧約聖書と美術』（『旧約聖書がわかる』、アエラムック、朝日新聞社、一九九八年五月）によると、

……近代に入ってからの古代遺跡の発掘調査により、ポンペイの壁画に「ソロモンの審判」が見いだされたり、古代末期のシナゴーグに人物を描いた旧約聖書の物語をテーマにした壁画や床モザイクが発見されると、従来の説は見直しを余儀なくされたのである。

（一一四頁）

と言っている。「古代末期のシナゴーグに人物を描いた旧約聖書の物語」とは、氏によると、一九三二年に発見されたシリア東部のドゥーラ・エウローポスのシナゴーグ内部の壁

画連作（紀元二四四〜二四五年頃制作）で、旧約聖書の創世記、出エジプト記、サムエル記、エステル記、エゼキエル書からとられた五十八の物語場面が連なっているという。そうして、

……壁画に描かれたモチーフの形態はギリシャ・ローマ美術に基づいているが、様式的には東方的な要素、たとえば正面性を強調した固い感じの人物表現などが見られるというように、同地の美術の特徴を反映するものとなっている。（一一四頁）

ということである。

その後七世紀から十三世紀にかけてのユダヤ美術は、七世紀におけるイスラームの宗教の成立や八〜九世紀にかけてのビザンティン世界でのイコノクラスム（聖像破壊運動）のなかで破壊されたり、十二世紀の十字軍がユダヤ人コミュニティの破壊、掠奪により、そしてその後はユダヤ人迫害の歴史のなかで、ユダヤ美術が制作されても、現在まで生き残れなかったことは容易に想像されると氏は言っている。

人間というものは、礼拝の対象としてであれ、心のよりどころとしてであれ、宗教的なものを表現したいという願望のようなものがあるのではなかろうか。

二　キリスト教の場合

ユダヤ教の伝統を引き継いでいるキリスト教の場合は、偶像についてはどういう態度であったのであろうか。

カトリック、プロテスタント、双方においては、歴史的な事情もからんで、一概には言えないようである。特に古代ローマ帝国によって、キリスト教が承認されてからのキリスト教は、布教を通して民間信仰や民間伝説を取り込んでいったから、ユダヤ教からは偶像と見なされるものも、どんどんキリスト教の中に取り込んでいったし、また、それらを布教のため利用したのであった。筆者が訪れたフランス西海岸のブルターニュ地方のル・フォルゴエ（le Folgoet）、ラ・ロッシュ・モーリス（La Roche Maurice）、ギャンガン（Guingamp）などの教会には、ケルト民族の神々と思われる像が教会の中に生き残っていることを目にしたのであった。

池上俊一氏の『歴史としての身体』（柏書房、一九九二年）によれば、

キリスト教は……中世においては、それは圧倒的に恐怖の宗教であった。怒れる神が、神罰をくだす。これは旧約聖書の世界であるが、また十一世紀以前のヨーロッパ

の宗教世界の基調でもあった。神の怒りによって引き起こされた恐怖と不安の体験は、周囲から伝染し恐喝して、だれをも重苦しく強力な雰囲気にとらえた。（一八八頁）

と言っている。そのような恐怖はヘレン・エラーブの『キリスト教封印の世界史（The Dark Side of Christian History）』（井沢元彦監修・杉谷浩子訳、徳間書店、一九九九年）によると、

……紀元九〇～一〇〇年に在位したローマ教皇クレメンスは、過激にもこんなことを言っている。神は、命令を下し、逆らう者を罰し、したがう者に報いる、万物の唯一の支配者である。その神の権威を代行するのが教会の指導者だ。神に逆らうこととおなじ。それが誰であろうと死の罰をこうむるべきだ、と。（二九～三〇頁）

したがって、神の御心は天におけるように地でも行われているのだから、地上の統治者であり、神の代行者である教会の指導者は、人々に神をおそれさせ、怖れをいだくようにすべきであるとの教会側の方針であったのである。そのような方針は、五世紀末にグラシウス一世が父なる神を戴くキリスト教を鮮明に打ち出したため、父権的な厳しさを持った宗教になってしまったことも理由に挙げられるであろう。識字能力のない当時の人々は聖書を読むことができなかったから、神の怒りを恐れて恐怖心や不安をつのらせるばかりであったのである。

また一〇二五年に開かれたアラスの教会会議では、「素朴な魂たちは聖書の釈義を解し

ない。姿と形で知るのみである」という方針が決議されたと言われているので、その方針に基づいて教会や修道院では、奇跡であるとか、最後の審判とかを劇や絵画のかたちで表現し、あるいはそれらのことを説教壇から語ったのであった。

しかしながら、筆者の訪れたフランスのボーヌの施療院にあるファン・デル・ウェイデンの筆になる「最後の審判」の絵を見てみると、その絵は人々の恐怖心をあおったであろうと思われるけれども、それはまた、人々を悔い改めさせ、神の恩寵や救済を知らしめる目的も十分果たしていたはずだと思われたのである。特にウェイデンの「最後の審判」の絵では、審判を宣告するキリストのそばに、両手を合わせている聖母マリアがキリストの側に描かれているのに筆者の目が注がれたのである。それは聖母マリアに神との取りなしをお願いする民衆の心が、マリアの姿に感じたからであった。

そうして、おそらく人々は聖母マリアに救済とか恩寵とかを願うようになったことが、マリア信仰が生まれた理由でもあろうと筆者は考えている。そうして人々が彼女に神との取りなしを求めるようになっていったことに、父権的な厳しい当時のキリスト教側もようやく気がつき、父系原理だけでは宗教は広まらないということで、マリア信仰を容認したのであろう。

かくして、聖母マリアの像や聖母子像が造られていくことになる。イタリアの国立サン・マテオ美術館所蔵の「授乳の聖母」の彫刻は、十四世紀のイタリアのアンドレア・ピサーノか息子のニーノ・ピサーノかの何れかが創った作品であると言われているが、乳房を両手で押さえながら、食らいつくようにして飲んでいる幼な子や、満足気な顔をして乳を飲ませている聖母には、庶民感情がリアルに表現されている。またルネッサンスの巨匠の一人、ラファエロが注文によって教会の祭壇などに描いている聖母子の絵は、その数、百にもなるほどと言われている。

このような事情から、偶像を造ることも、刻むことも許さないユダヤ教からキリスト教は脱皮して、ルネッサンス時代には「神の姿に似せて人間を神は創造したのだから、人間の姿で神を表しても差し支えはないはずだ」という理由から、芸術家たちにより、聖母子像はじめ、イエス・キリストの行状を描いた芸術作品や彫刻が造られていくことになる。

三　イスラームの宗教では偶像崇拝は禁じられている

コーランには、

宣言せよ（ムハンマドへの呼びかけ）、「これぞわが辿るみち。確実な知識に基づいて、わしはアッラーを喚び申す。わしも、それからわしにしたがうすべての者も。アッラ

ーに栄光あれ。わしは偶像崇拝者の一味ではない」と。（一二章・一〇八節）

とある。このようにアッラーが外の神々や偶像と並べられて崇められていることに対して、コーランではアッラーの唯一絶対性、超越性を明らかにし、

汝らの神は唯一なる神、そのほかに神は絶対にない。（二章・一七八節）

ことを強調している。それなのに、

畑の作物や家畜をアッラーが創って下さると、彼らは、一部分だけ取りのけて、「これはアッラーに」などと自分勝手にきめこみ、「それから、こちらはわれわれ（がアッラーと並べておがんでいる）お仲間さま（偶像崇拝のこと）に」などと言う。なんたることか、それではお仲間さまの分はアッラーのお手許には届かず、アッラーの分だけはお仲間さまのところへ流れて行ってしまうわけではないか。まことに不当な決め方ではないか。（六章・一三七節）

とアッラーが不平を言っている。アッラーは並列的に、かつ相対的にとらえられるような神の類ではなく、超越者であり、絶対者であって、目に見える形で表されるような神ではないのである。したがってイスラームの宗教寺院であるモスクには、アッラーの像は言うに及ばず、ムハンマドの影像のごときものもない。

四　真宗においては、木像や絵像は方便として認める

インドにおける初期の仏教には、釈迦の姿を刻んだ木像や釈迦を描いた絵像は存在しなかったし、またそのような木像や絵像でもって釈迦を表現することは考えられもしなかった。なぜなら、インドはゼロを発見した国であるから、仏教でも一切は空《くう》と教えていたからである。ところがアレキサンダー大王がインドに侵入したとき（紀元前三二七〜三二五年）、インドにギリシャ文化をもたらしたので、インドの人たちは初めて神像や仏像を造ることを知ったのであった。

ところで仏教では、釈迦の像をはじめ、いろいろな仏・菩薩の像は造られはしたが、仏教は一切空ということを教える宗教であるから、それらの仏像を造って礼拝しても、それは方便として許されているのである。親鸞は『唯信鈔文意』の中で、

……法身《ほっしん》は、いろもなし、かたちもましまさず。しかれば、こころもおよばれず。ことばもたえたり。この一如よりかたちをあらわして、方便法身《ほうべんほっしん》ともうす御《おん》すがたをしめして、法蔵比丘《ほうぞうびく》となのりたまいて、不可思議の大誓願をおこして、あらわれたもう御《おん》かたちをば、世親菩薩《せしんぼさつ》は、尽十方無碍光如来となづけたてまつりたまえり。

（聖典・五五四頁）

と言っている。尽十方無碍光如来とは阿弥陀如来のことであることはすでに述べた。

また、本願寺八代目の蓮如は『蓮如上人御一代記聞書』で、

他流には、「名号よりは絵像、絵像よりは木像」と、云うなり。当流には、「木像よりはえぞう、絵像よりは名号」と、いうなり。

（聖典・八六八頁）

と言っている。おそらく蓮如は、阿弥陀如来を姿に刻んだり描いたりして、形に表すことは、仏教の「一切は空である」という本来の教えに反し、偶像崇拝に陥る危険性があるから名号を重視したのであろう。

例えば、奈良の大仏は『華厳経』の教えに基づいて造られた像であるのだから、大仏を通して『華厳経』の教えを聞くのであれば問題にはならないであろう。奈良の大仏と同じように、われわれは阿弥陀如来の仏像や絵像を拝んでも、その仏像や絵像を通して、阿弥陀如来が「一如（空）」の世界から、われわれを救わんという誓願を立てて、因位の法蔵菩薩として、今眼前に、方便法身というかたちで、お出ましなのだと認識するのでなければ、阿弥陀如来の仏像や絵像は単なる偶像という「もの」でしかないことになる。そのような危険性に陥るよりも、名号の方が問題は少なくてすむと蓮如は考えたのではなかろうか。

しかしながら、名号で表しても、形は形でないのかという反論もあろうが、名号はもともと称えるもの、すなわち、称名であるので、称名としての名号を拝めば、自然に称名念仏が口から出てくるはずである。「木像よりはえぞう、絵像よりは名号」と蓮如が言った意味は、そういう意味であると考える。文字でさえも表してはいけないというのであれば、神の名を忘れたユダヤ教徒のようになってしまうのではなかろうか。浅原才市は、

おやこふたりで、はなしをすれど、見えぬお顔が、なむあみだぶつ

と言っている。浅原才市にしてみれば、南無阿弥陀仏という称名は、姿も形もない親さまの、助けようというお慈悲そのものだというのである。

抽象的にさえ聞こえる南無阿弥陀仏という名号は、「阿弥陀仏の行」として私自身にははたらきかける阿弥陀の智慧であると気がつくとき、阿弥陀如来に全幅の信頼を置いた生活ができることを浅原才市は知っていた。彼はまた次のようにうたっている。

わしの後生は　おやにまかせて
おやにまかせて　わたしは稼業
稼業する身を　おやにとられて
ごおんうれしや
なむあみだぶつ　なむあみだぶつ

そのことについては、イスラームの宗教においても、アッラーに全幅の信頼を寄せることを教えている。

もし彼らがお前（マホメット）に（宗教上のことで）面倒な議論をしかけて来たら、こう答えるがよい、「わしはアッラーにわしの顔をおまかせ申した（自分の魂の一切を挙げて神に捧げ、すべてを神にまかせた、ということ）身だ。わしに従う者もみんな同じ」と。聖典を授かっている人々でも、そうでない人たち（ユダヤ教、キリスト教以外の多神教徒）でも、「すべてを神さまにおまかせしたか」と問うて見よ。それでもしすべてをおまかせしたというなら、もうそれだけでその人たちは立派に（信仰の道に）入っている。だがもし後ろ向いてしまうようなら、なに、お前はただ伝えるだけのことを伝えさえすればそれでよい。御自分の奴隷（真の信者ということ）のことはアッラーが何から何まで見ていてくださる。

（三章・一八～一九節）

したがって、アッラーの眼からすれば、浅原才市はすべてを神さまにおまかせしている、すなわちイスラームしているということで、立派に信仰の道に入っている人なのである。

何せアッラーはすべてお見通しなのであるから。

我らは人間を創造した者、人の魂がどんなことをささやいているかすっかり知っている。我らは人間各自の頸の血管よりもっと近い。

（五〇章・一五節）

頸の血管よりもっと近いところから見ているというのであるから、信者の人たちにとっては、憎悪の神、裁きの神、復讐の神としてのアッラーに、気が許せないのである。ところが榎本栄一氏は、

仏の眼には
欲望のままに
うごき回る人びとが
地をはうありの群よりも
いじらしく映り
（『念仏のうた 光明土』一〇二頁、樹心社、昭和五十九年）

とうたっている。榎本氏のような人は、アッラーにはどのように見えるのであろうか。このようにみてくると、アッラーにはユダヤ教から引き継いだ父性的な性格があり、阿弥陀仏には母性的なところがあると言えるであろう。

結語

偶像というと形として表現されたものであるが、その他、自分の心の中で尊敬する人を美化して考えると、それも偶像になる。第二次世界大戦のとき、わが国では天皇を現人神《あらひとがみ》

として奉ったことも、天皇を美化し偶像化したからであって、敗戦後、天皇は国民の前で人間宣言をしなければならなかった。

また芸能人や野球選手などをアイドル化するのも偶像になる。その他、いやな人を敬遠し、近寄らないようにすることも、別な意味で、その人を偶像化していることになる。プロ野球では打たせたくない場合には敬遠策をとることがあるが、敬遠される選手はいざ知らず、観客としては面白くないものだが、勝負の世界だから文句も言えない。だが、日常の生活において、近寄らないようにして、敬遠しているいやな人であっても、心を開いて近づけば、案外気のおけない人であったり、やさしい思いやりのある人であったりするものだ。だから敬遠したくなるような、いやな人だと思ったら、そのような偶像を早く自分の内面で、意識的に破壊することが肝要である。

多くの真宗寺院の本堂には、御開山聖人親鸞のご影像がある。いわゆる親鸞のポートレイトである。それを見ると、親鸞という人はごつごつした顔の、田舎の農家の老人というような顔つきである。決してありがたい感じの顔ではない。

このようなご影像は真宗門徒の美化されたアイドルではなかろう。破壊すべき偶像どころか、むしろ、親鸞は自分自身に対して厳しい人であったのだなあと想像されるような絵である。自分に厳しい人であったから、それだけ他人にはやさしかった人でもあった。そのことは、例えば、『歎異抄』の第九章で、浄土往生に疑いを持った唯円に対して、「親鸞もこの不審ありつるに、唯円房おなじこころにてありけり」（聖典・六二九頁）と述べた言葉でもわかるのである。

したがって真宗門徒の人々は、僧俗ともに、親鸞のご影像の前に座ったとき、「ひとえに往生極楽のみちをといきかんがため」に、はるばる関東から「身命をかえりみずして、たずねきたらしめたもう」ご門弟の人たちと同じような心で、あるいはたずねてきたご門弟の人たちの間に自分も混じっているように思って、ひとえに往生極楽の道を聞くべく座るのである。このように聞法の心さえあれば、決してご影像に対して、偶像崇拝の心は起きることはないというのが真宗門徒の言い分である。

第五章　啓示と本願

一　ムハンマドの啓示と親鸞の夢告

ムハンマドの啓示については、『コーラン』とその次に大事にされている『ハディース』に解答を求めたいと思う。『ハディース』は、預言者ムハンマドの言行録というべきもので、ムハンマドが語った言葉とか行為を記録したものである。それは通称「ブハーリのハディース」と言われていて、日本では、その原本の全訳が牧野信也氏によって上、中、下三巻にまとめられ出版されている。

ところで、メッカの一商人であったムハンマドは六一〇年のラマダーンの月（九月）、メッカの北約五キロのところにあるヒラー山に、人生のいろいろな問題を抱えて籠もっていたのであったが、ある夜、うとうとと眠っていたムハンマドのところに、大天使ジブリール（ガブリエル）が現れて、アッラーの啓示を伝えたという。そのときのムハンマドは四十歳であった。その頃、彼が悩んでいた人生の問題とは何であったのだろうか。H・A・R・ギブによれば、当時インド洋と地中海の間の中継貿易をほとんど独占するかたちで繁栄した都市、メッカでは、

繁栄した商業社会につねにあらわれる社会悪として富と貧困の両極端、奴隷や雇われた人の構成する下層社会形成、社会的な階級間の障壁を露呈した。それがマホメットの精神的不安の大きな原因の一つとなったことは、彼が社会的不義、不正の王侯を激しく非難していることからも明白である。

（中村生雄著『カミとヒトの精神史』一八六頁、人文書院、一九八八年）

ということである。本来、商人の道とか商人のモラルというものは、何よりも相互の信頼を築くこと、誠を尽くすこと、絶対に嘘をつかずに約束を守るということであるが、そういうことが守られていなかったのである。だから、そのときのメッカ市民に対して、ムハンマドは悔い改めを迫って、かえって迫害されたのであったと考えられている。ところがイスラームの宗教が広まってからというものは、商取引で契約が交わされるとき、「この契約はもし神が望むなら実行される」というアラビア語が必ず書き入れられるし、後ほど、

不都合が生じて変更や契約のキャンセルが起きても、「アッラーの思し召し」であるとして、簡単に変更やキャンセルが行われるようになったということである。

ところでヒラー山に籠もって、うとうとと眠っていたムハンマドのところに、大天使ジブリールが現れて、アッラーの啓示を伝えたというのだが、そのときの状況はどんなのであったのだろうか。コーランによれば、天使が、

誦め、「創造主《つくりぬし》なる主の御名において。
いとも小さい凝血から人間をば創り給う」。
誦め、「汝の主はこよなく有り難いお方。
筆もつすべを教え給う。
人間に未知なることを教え給う」と。

（九六章・一～五節）

と伝えている。またブハーリの『ハディース』によれば、

天使が彼に現れて「誦め」と命じた。これに対して彼は「誦むことができません」と答えた。そこで天使は彼を捉え、苦しみにうちひしがれるほど激しく羽交い締めにしてから放し、また「誦め」と言った。彼は「誦むことができません」と答えた。すると天使は再び彼を捉え、苦しみに打ちひしがれるほど羽交い締めにしてから放し、「誦め」と言った。彼は「誦むことができません」と答えた。すると天使は三度目に

彼を捉え、苦しみに打ちひしがれるほど羽交い締めにしてから放し、「誦め、『創造主《つくりぬし》なる主の御名において。いとも小さき凝血から人間を創り給う』と。誦め、『汝の主はこよなく有り難いお方』と」と言った。

これらの言葉を胸に、預言者は怖れにふるえながら妻ハディージャのもとへ帰って行き、「わたしを覆って、わたしを覆って」と叫んだ。彼女がそうすると、間もなく怖れは去り、彼は彼女に事の次第を話して聞かせ、怖れのあまり死ぬのではないかと思ったことを告げた。これを聞いてハディージャは「滅相もない、アッラーは決してあなたを辱めない（あるいは、悲しませない）でしょう。あなたは身内の者によくし、弱い者を支え、貧しい者に施し、旅人を暖かくもてなし、世の変転の犠牲となった人々を助けているのですから」と言った。

（牧野信也訳、上巻、一六頁、中央公論社、一九九三年）

と語られている。このときの啓示で、大天使ジブリールが「誦め」と命じたものは、天国にある『コーラン』の原本であったとムスリムたちは信じている。かくしてムハンマドが死ぬときまで啓示は下《くだ》ったのであった。

親鸞の場合を考えてみよう。伝記によれば、親鸞は九歳のとき剃髪して出家し、比叡山にのぼって仏道修行したという。実際に比叡山で何をしていたのかということについては、彼の死後、妻の恵信尼が娘の覚信尼に送った手紙が唯一手がかりになるのだが、その手紙によると「殿のひへ（比叡）のやま（山）にたうそう（堂僧）つとめておはしましける」とあるので、浄行三昧堂で不断念仏の行をしていたということが今日わかっている。このような堂僧としての修行は、出家したての九歳の子どもにはできるはずはないので、出家して十年後の、親鸞十九歳のことであったであろうと言われている。そして不断念仏行ばかりでなく、仏典や漢籍などの書物も読んでいたであろうということも、自著である『教行信証』に多数の書物からの引用があることから推測できることである。

ところがそのような生活をしていた親鸞は比叡山をおりて、京都の六角堂に籠もったのであった。何のために山をおりて、六角堂に籠もったのであるかということも、やはり恵信尼の手紙が手がかりになる。それは「生死出ずべき道」を求めてのことであった。

恵信尼の手紙によれば、

山を出でて、六角堂に百日こもらせ給いて、後世《ごせ》を祈《いの》らせ給いけるに、九十五日のあか月、聖徳太子の文《もん》をむすびて、示現にあずからせ給いて候いければ、やがてそのあか月、出《い》でさせ給て、後世の助《たす》からんずる縁《えん》にあいまいらせんと、たずねまいらせて、法然上人にあいまいらせて、また、六角堂に百日こもらせ給いて候いけるように、また、百か日、降るにも照るにも、いかなる大事にも、参《まい》りてありしに、ただ、後世の事は、善き人《ひと》にも悪しきにも、同じように、生死いずべきみちをば、ただ一筋に仰せられ候いしをうけ給わりさだめて候いしかば、上人のわたらせ給わんところには、人はいかにも申せ、たとい悪道にわたらせ給うべしと申すとも、世々生々にも迷いければこそありけめ、とまで思いまいらする身なればと、ようように人の申し候いし時も仰せ候いしなり。（聖典・六一六〜六一七頁）

とある。恵信尼のこの手紙の中で、「九十五日のあか月、聖徳太子の文をむすびて、示現にあずからせ給いて候いければ」というところの、「聖徳太子の文」と「示現」とを同じとみるべきか否かということについては諸説があるようであるが、このとき親鸞に「夢告」があったということだけは確かなことである。恵信尼はその後、その「文」をわざわざ書いて、娘の覚信尼に送ったということを記した手紙があるが、送ったとされるその「文」の方は、散逸したのか、現在のところ存在していない。しかしながら、恵信尼のこの手紙のおかげで、聖徳太子の夢告によって、親鸞は法然上人のもとに行くことになったことだけは明白になったわけである。

あとはこの夢告の内容を知りたいということがあるのだが、法然上人から「生死出ずべき道」を降る日も照る日も通いづめで聞いて、ついに「上人のわたらせ給わんところには……とまで思いまいらする」ほどになったというのであるから、夢告の内容は「行者宿報設女犯」の偈であると多くの研究者は結論している。その文は、親鸞の高弟の一人、真仏という人の『親鸞夢記』に記されていて、それは、

行者宿報設女犯、我成玉女身被犯、一生之間能荘厳、臨終引導生極楽（仏道を修行する者が前世の因縁によって妻帯することがあるときは、私が玉女の身となってお前の妻になり、一生の間はよくその身を飾り、臨終のときには導いて極楽に生まれるようにしてあげよう）

というものである。特にこの偈の後半は「後世を祈る」親鸞に対する、いわば、往生の約束をしたのであるから、この「行者宿報設女犯」の偈を、性《セックス》の問題と関係づけて考える人もいるけれども、「生死出ずべき道」を求めて六角堂に籠もった親鸞に対する、最適な文であると考えられている。

このように見てくると、ムハンマドに対するアッラーの最初の啓示も、親鸞に対する聖徳太子の化身である救世菩薩のお告げも、ともに、夢中においてであったということに興味を持つのである。そうしてムハンマドに対するアッラーの啓示が死ぬまであったと同じように、親鸞においても夢のお告げがその後もあったようである。

例えば、『正像末和讃』の夢のお告げというのがそれである。しかも、親鸞の時代には、観音系寺院に参籠して観音の夢のお告げを求めるということがごく一般的であったと中村

生雄氏が著書の『カミとヒトの精神史』（一八六頁、人文書院、一九八八年）で言っているから、親鸞も夢告を求めて参籠の「行」をしたわけである。

しかしながら、「私は夢を見た、私は夢を見た」と言って、人々を惑わす偽りの預言者を厳しく批判している言葉が『エレミヤ書』にある。

わが名によって偽りを預言する預言者たちが、『わたしは夢を見た、わたしは夢を見た』と言うのを聞いた。偽りを預言する預言者たちの心に、いつまで偽りがあるのであるか。彼らはその心の欺きを預言する。彼らはその先祖のバアルにしたがってわが名を忘れたように、互いに夢を語って、わたしの民にわが名を忘れさせようとする。夢を見た預言者は夢を語るがよい。しかし、わたしの言葉を受けた者は誠実にわたしの言葉を語らなければならない。わらと麦とをくらべることができようかと、主は言われる。（二三章・二五〜二八節）

したがって見た夢に真実があってこそ、はじめて神の啓示、あるいは夢告ということができるのである。そうして、ムハンマドの場合は夢の中に現れたジブリールがムハンマドをしてアッラーに救いを求めさせ、アッラーの僕《しもべ》にさせることによって預言者として立ち上がらせ、親鸞の場合は救世菩薩が親鸞をして阿弥陀如来の本願を信じ、念仏していく末法相応の教えに帰依させ、人々にそのことを伝えていく使命を負わせたのであった。

二　啓示が下ったとき

ところで啓示が下《くだ》るとき、ムハンマドのみならず、啓示宗教に登場する預言者たちは、うろたえたり、すっぽりと衣を頭からかぶったり、逃げ出したりしたようである。コーランの七四章・一節のところにもアッラーが「これ、すっぽりと衣ひっかぶったそこな者」とムハンマドに言う言葉がある。井筒博士は「着物を頭からひっかぶるというのは、迫ってくる啓示、霊感を受けるための身構えなのです。あるいはまた、そういう異常な精神的興奮を引き起こすための準備です」（『コーランを読む』四二六頁、岩波書店）と言っているが、それだけではないようである。ムハンマドの愛妻ハディーシャによると、

或る厳しい寒さの日、彼に啓示が下るのを見、やがてそれが止むと、その額から汗がひたたり落ちた、という。（『ハディース』一五頁）

と言っているように、啓示が下ったときは、身構えも何もできないときもあるのである。そして啓示を受けるときは苦しいようだということも、このハディーシャの証言から理解することができる。苦しいから、啓示が下るときには、逃げ出そうとする『ヨナ書』のヨナのような人もいた。それではどうして啓示を受けるときは苦しむのであろうか。思うに、

それは普通の人間が神の預言者（ナビー）へと人格的変貌を遂げるためには、精神的、肉体的にすさまじい苦痛を体験して、人格的変貌を遂げなければならないからである。なぜなら、コーランにあるように、

普通の人間にアッラーが直接語りかけ給うということはない。（話す場合は）必ず啓示によるとか、垂れ幕の後ろからとか、さもなければ使徒をお遣わしになって、その者がお許しを得て御心のままを人々に明かす仕組みになっている。

（四二章・五〇〜五二節）

アッラーは普通の人には啓示をしないのである。ところが、ムハンマドのみならず、普通の人が直接神に召命され、直接神の言葉（カアラム アッラー、すなわち啓示のこと）を受け、そして神の言葉を預かる特別な人（すなわち、預言者）になると、一定の宗教的・倫理的義務が課せられ、神に対する使徒（ラスール）としての「責任を負わされた存在」にさせられてしまうのである。それは人間改造とでもいうべきことであるから、苦しいはずである。ムハンマドの場合も、一介の商人だった彼が「啓示」を受けるたびごとに、人間改造が加えられ、神の唯一性、絶対性が教団の社会的・政治的統率者としてのムハンマドの上に、投影されていったのである。

その「啓示」についてであるが、井筒博士は、

「啓示」とは神と人間との間に演じられる言語のドラマ（神が語りかけ、人が聞く）であり同時にそれは、全存在世界を捲きこんだ心的コトバの宇宙的ドラマでもある。
（井筒俊彦著「言語現象としての啓示」、岩波『講座東洋思想』第四巻、五頁）

と言っている。「神から人間への語りかけ」とは、ソシュールの言語学で言えば、パロール（parole）のことであって、神から人間への一方通行としての「神の意志そのものの直接の表現」（井筒俊彦著『コーランを読む』一九頁、岩波書店）ということになる。パロールとは、「発話行為」と訳されるが、神からの発話行為が受ける側の意識に上らないうちは、やはり意識に上るまでの間苦しまなければならない。『ハディース』によると、

……かつて、アル・ハーリス・ブン・ヒシャームが神の使徒に「啓示はあなたにどのように下《さが》りますか」と尋ねたとき、かれは「ある時は、耳をつんざく鐘の音のようにわたしに臨み、それはわたしにとって最も苦しいのであるが、やがて跡絶えると、わたしは示された言葉をしっかりと心の中につかんでいるのに気づく。またある時は、天使が人の姿をとって現れてわたしに語りかけ、わたしはその言葉をはっきりと記憶する」と答えた。
（牧野信也訳、上巻、一五頁）

「鐘の音のように」というのは前のコーランの言葉で言えば、「垂れ幕の後ろから」聞こえてくる声にあたるのであるが、聞こえてくる声が、ここでは「鐘の音のよう」だというの

であるから、金属的な音か何かであり、非言語的な音であったということである。それが「やがて跡絶《とだ》えると、わたしは示された言葉をしっかりと心の中につかんでいるのに気づく」とは、神とムハンマドとの間に演じられた言語的コミュニケーションは、同じ言語記号のコード・システムとしてのラング（langue）、具体的にはアラビア語であったということを意味している。別な言葉で言えば、神の啓示がムハンマドの意識に上り意識化されたとは、パロールがラングになったということであり、パロールがラングになったということは、神のコトバがわれわれ人間の言葉に置き換えられたということである。

このようなムハンマドの啓示体験は、外から見る限り、妖霊（ジン）といった魔物か何かに憑かれた人や、詩人といわれる人とかの体験に似ている。しかしながら、アッラーは言う。

それなのに、信仰なき者どもは、「こんなもの（『コーラン』を指す）みんなあの男（マホメット）のでっち上げた嘘八百。どうせ誰かほかの連中に手伝って貰ったものであろう」などと言う。まったくひどいことを言うもの。でたらめにもほどがある。

（二五章・五節）

我らはあれ（マホメット）に詩を教えたおぼえはない（当時、詩人は何か憑きものをした人間とされていた。マホメットも詩人の一種だろうと思われがちだったわけである）。そのようなもの、あれには向かぬ。あれのは（神の）お諭《さとし》、まごうかたないクルアーン（『コーラン』）のみ。これで生ある者（本当に生きている人の意で、もののわかる、信仰のある人を指す）を諭し、また信仰なき者どもには御言《みこと》が成就する。（三六章・六九～七〇節）

このように、啓示は、神から人への言語的コミュニケーション、すなわちパロールであって、そのようなパロールをラングとして人々に伝えられたのが、『コーラン』なのである。

三　ユダヤ教の啓示について

以上のように、イスラームの宗教の『コーラン』や『ハディース』に記されていることから、「啓示」とはどういうことなのかということを考察したのであるが、一応「啓示」ということの理解を踏まえて、ユダヤ教における啓示について考察を進めよう。

神ヤハヴェが自分の意志をイスラエルの民に伝えようとするとき、神からの召命を受けて預言者に選ばれた者に、その意志を伝えるのであるが、多くの場合、『ヨナ書』のヨナのように、召命を受けた者は拒絶反応を示したり、逃げようとしたりしている。逃げ出したり、拒絶反応を起こすのをみると、啓示が下《さが》るときに苦しんだムハンマドの場合が思い出される。そして結局は、自分の気持ちに反して、神の力に引き寄せられて神の意志を伝える預言者にさせられるのである。そのことを『ヨナ書』に見られるヨナでみてみよう。一章から三章のはじめにかけてである。

主の言葉がアミッタイの子ヨナに臨《のぞ》んで言った。「立って、あの大きな町ニネベに行き、これに向かって呼ばわれ。彼らの悪がわたしの前に上ってきたからである」。しかしヨナは主の前を離れてタルシシへのがれようと、立ってヨッパに下がって行った。ところがちょうど、タルシシへ行く船があったので、船賃を払い、主の前を離れて、人々と共にタルシシへ行こうと船に乗った。

時に、主は大風を海の上に起こされたので、船が破れるほどの激しい暴風雨が海の上にあった。それで水夫たちは恐れて、めいめい自分の神を呼び求め、また船を軽くするため、その中の積み荷を海に投げ捨てた。しかし、ヨナは船の奥に下《くだ》り、伏して熟睡していた。……

やがて人々は互いに言った、「この災いがわれわれに臨《のぞ》んだのは、だれのせいか知るために、さあ、くじを引いてみよう」。そして彼らが、くじを引いたところ、くじはヨナに当たった。そこで人々はヨナに言った、「この災いはだれのせいで、われわれに臨んだのか、われわれに告げなさい。……」ヨナは彼らに言った、「わたしはへブルびとです。わたしは海と陸とをお造りになった天の神、主を恐れる者です」。そこで人々ははなはだしく恐れて、彼に言った、「あなたはなんたる事をしてくれたのか」。人々は彼がさきに彼らに告げた事によって、彼が主の前を離れて、のがれようとしていた事を知っていたからである。

人々は彼に言った、「われわれのために海が静まるには、あなたをどうしたらよかろうか」。それは海がますます荒れてきたからである。ヨナは彼らに言った、「私を取って海に投げ入れなさい。そうしたら海は、あなたがたのために静まるでしょう。……」。そして彼らはヨナを取って海に投げ入れた。すると海の荒れるのがやんだ。そこで人々は大いに主を恐れ、犠牲を主にささげて、誓願を立てた。

主は大いなる魚を備えて、ヨナをのませられた。ヨナは三日三夜その魚の腹の中にいた。

……主は魚にお命じになったので、魚はヨナを陸に吐き出した。

時に主の言葉は再びヨナに臨んで言った。「立って、あの大きな町ニネベに行き、あなたに命じる言葉をこれに伝えよ」。そこでヨナは主の言葉にしたがい、立って、ニネベに行った。

（一章・一節～三章・三節）

このように、逃げようとしたヨナは、自分の意に反して、主によって預言者にさせられたのである。

ユダヤ教の神、主であるヤハヴェは、これまで考察してきたように、アブラハムをはじめとする預言者たちにいろいろ啓示を与え、それらの啓示を通して、イスラエルの民に「唯一絶対なる神」であり、「服従を求める神」であり、不服従な者には「復讐の神」として死を与える神であることを知らしめたのであった。ユダヤ教では、「トーラー（律法）」の五書（モーセの五書とも言う）、すなわち、『創世記』『出エジプト記』『レビ記』『民数記』『申命記』に、神の意志が示されていると言われているので、これらはもっとも神聖な書として、シナゴーグ（ユダヤ人のコミュニティ）では、聖櫃《せいひつ》に収められている。そうして今でもシナゴーグでは、五書が一年かけて全部読まれている。

ニコラス・デ・ラーンジュによれば、

……また今日のすべての伝統主義者と正統派のユダヤ人が、すくなくともトーラー五書の部分はシナイ山で、神がモーセとイスラエルの民にあたえた直接的啓示だという考えを、多かれすくなかれ共有していることである。（『ユダヤ教入門』七六頁）

と言っている。そうして、トーラーの五書は神からの啓示を受けた「モーセの書いたものとして、批判的学問に裏付けされていないにもかかわらず、今日でも伝統主義のユダヤ人たちのあいだで広く保持されている」（七一頁）とラーンジュは言っている。なぜなら、

『申命記』の最後ではモーセ自身が死んでしまっているにもかかわらず、トーラーの五書がモーセによって書かれたということはあり得ないことだからである。だが科学的にはそういうことが論証されても、宗教の世界は違うのである。例えば、『往生礼賛』を書いた善導大師に「彼仏今現在説法」という言葉がある。これは「彼の仏が今現に説法しておわします」という意味である。「彼の仏」とは阿弥陀如来のことであるが、今、現に阿弥陀如来が説法していると言ったとて、不信心の者にとっては、どこで説法しているんだということでしかない。如来の誓願を信ずる者においては、今、現に如来が説法していることがはっきりするのである。伝統主義者や正統派と言われるユダヤ人にとっても同じことで、モーセがトーラーの五書を書いたということは疑う余地のないことなのである。

とにかくこれら五書は、イスラエルの人たちの初期の歴史を語っているのみならず、ユダヤ人の神ヤハヴェの意志が、モーセを通して、ユダヤ人に啓示として示された契約書なのである。そこでユダヤ教徒たちは、これらの五書から六一三の戒律を選び出して、人々の守るべき掟としたのであった。その六一三の戒律のうち、三六五は「……してはいけない」という禁止の戒律で、残り二四八は「……しなさい」という命令の戒律であるという。

ついでにそのほかの聖書について言えば、ネビィーム（預言者）のセクションに入るのは、『ヨシュア記』『士師記』『サムエル記』『列王記』『イザヤ書』『エレミヤ書』『エゼキエル書』『預言書』の八つの書物から成り立っているが、モーセ亡き後の後継者となったヨシュアの指導のもと、ユダヤ人がカナンの地に入ったところから、バビロン捕囚までの物語とヨシュア、イザヤ、エレミヤなどの預言者たちの預言が含まれている。そして最後のセクションはケトゥビーム（諸書）と言い、『詩篇』『ヨブ記』『箴言』『雅歌』など、神への賛美、哲学や音楽や絵画にも影響を与えた分野のものなど、ヘブライズムの粋が含まれている。

ところで、ユダヤ人の歴史をもう一度、整理する意味で述べてみたい。聖書によれば、ユダヤ人は族長アブラハムに率いられて、古代メソポタミアのウルを出て、紀元前十八世紀頃カナンの地に定住したという。アブラハムはエルサレムのシュケムの土地を、孫のヤコブはエルサレム南方のヘブロンのマクベラの洞窟を族長の墓所として買ったので、この二箇所がユダヤ人の聖所となっている（洞窟の方はイスラムの宗教の聖所になっている）。

やがてこの地に飢饉が起きて、ヤコブと十二人の息子はエジプトに避難し、奴隷となって、ピラミッド建設などの労働に従事したのであったが、モーセは同胞のユダヤ人を過酷な労働から脱出させるために、神と契約を交わしたのであった。その契約が有名な「モーセの十戒」と言われるものである。

この契約はシナイ山の頂きに神が降臨して、モーセをそこに召命し、自分のことを「有りて有る者」（『出エジプト記』三章・一四節）と名のり、『これは永遠にわたしの名、これは世々のわたしの呼び名である』（同・一五節）と言われたのであった。かくして神は人間が神に対して、そしてまた他人に対して、どうあるべきかを教えるために、イスラエルの民に十戒を授けたのであった（紀元前一二五〇年頃といわれている）。その十戒をモーセは石版に記して、同胞たちに神の命令として、それを伝えたという。

（1）あなたはわたしのほかに、なにものをも神としてはならない。
（2）あなたは自分のために、刻んだ像を造ってはならない。
（3）あなたは、あなたの神、主の名をみだりに唱えてはならない。
（4）安息日を覚えて、これを聖とせよ。
（5）あなたの父と母を敬え。
（6）あなたは殺してはならない。
（7）あなたは姦淫をしてはならない。
（8）あなたは盗んではならない。
（9）あなたは隣人について、偽証してはならない。
（10）あなたは隣人の家をむさぼってはならない。（『出エジプト記』二〇章・三～一七節）

神はモーセを通してこのような契約を結ぶことをユダヤ人に求め、自分を唯一絶対の神として受け入れるならば、カナンの地に連れて行ってやるし、しかも土地と富も与えるであろうが、契約を結ぶことを拒否すれば、お前たちは滅びるであろうと告げたのであった。モーセはイスラエル人たちにこれら十戒を遵守させ、彼らを励ましながら、カナンの地を目指して旅するのであったが、モーセは約束の地カナンに入ることなく、後継者にヨシュアを指名した後、百二十歳の寿命を全うして亡くなったということである。

その後、二百年ほどは、彼らは平穏な生活を送っていたが、部族間にあった不和を統一して王位についたのが士師《しし》サウル、王政を確立したのがダビデ、その後がソロモンである。特にソロモン王のときにエルサレムに神殿や王宮が建設され、栄華をきわめたのであった。しかし彼は異教の神を信じるようになったため、国民のうらみを買い、彼の死後反乱が起きて、北のイスラエル王国と南のユダ王国に分裂したが、紀元前七二二年にイスラエル王国はアッシリヤに、紀元前五八六年にはユダ王国がネブカドネザル王率いるバビロニアに、それぞれ征服されたのである。その後、北のイスラエル王国の人たちは追放されて行方がわからなくなったが、南のユダ王国の人たちはバビロニアに連行されて、捕囚の身となった。この間約半世紀にわたるのであるが、この捕囚の時代に、シナゴーグを中心とするユダヤ教独自の思想が体系化されたと言われている。

ところで、トーラーの五書は婚姻、食物、その他日常生活のあらゆる事柄に至るまで、こと細かに規定している。例えば、『レビ記』には、豚の肉はけがれたものであるから食べてはならぬ（一一章・七〜八節）とか、ひれとうろこのない魚は食べてはならぬ（同・一〇節）という掟が書いてある。したがって、ユダヤ教徒にとっては、律法は絶対神聖なものであり、逸脱することは許されないから、正統派のユダヤ教徒は、今でも、豚肉はもちろんのこと、エビやイカ、タコは食べない。ところが時代とともに生活にも変化が起きて、トーラーも現実に合わなくなってくるようになる。そこで律法を現実の生活に則したものにするため、法学者（タンナイーム）らによる解釈や注釈が行われるようになり、それが口伝で受け継がれていったので、当然のことながら、律法は複雑多義になっていった。例えば、モーセの十戒のうち、（4）の安息日について考えてみよう。安息日とは金曜日の日没から土曜日の日没にかけて、ユダヤ教徒の守るべき聖なる休日の日のことである。『出エジプト記』には、

……六日のあいだ働いてあなたのすべてのわざをせよ。七日目はあなたの神、主の安息日であるから、何のわざをもしてはならない。あなたもあなたのむすこ、娘、しもべ、はしため、家畜、またあなたの門のうちにいる他国の人もそうである。主は六日のうちに、天と地と海と、その中のすべてのものを造って、七日目に休まれたからである。それで主は安息日を祝福して聖とされた。

（二〇章・九〜一一節）

とある。神が六日間天地創造をされて、七日目に休まれたから、人間も神にならって、仕事を休まなければならない。それゆえ、ユダヤ教徒は金曜日の夕方から土曜日の夕方まで仕事を休み、神を想い祈りと感謝で過ごすのである。そして翌日の日曜日にはいつものように職場に戻り、仕事をするのである。

ところで仕事とは何かというと、ミシュナ（教え、教材の意）として口伝で伝えられている律法では、一連の農作業や山の仕事、それに家庭の仕事、台所の仕事などであり、ヘブライ語の文字を二つ以上書くことも仕事になる。火を起こすことや消すことも仕事になるから、現在でも安息日には家族の料理を作ってはならないので、主婦は前日に料理を作っておくとかしておかなければならない。また前日に作った料理を温めるための火を起こしてもいけないので、火を前日から燃やしておくとか、等々のことが、ユダヤ人の家庭では行われている。厳しい正統派の人たちは、電気をつけることも仕事になると考えている。

しかしながら、安息日に仕事をしてはならないと定められても、グローバル化が進んでいる今日、安息日に必要な仕事もあるのではないかという問題が当然おこってくる。飛行機も飛べない、汽車も動かない、自動車も運転してはならないでは、経済活動もままならないことになる。このように見てくると、仕事とは一体何なのかといった問題が現実の問題になるのは当然なことであって、昔から法学者たちがそのつど法律の解釈や注釈のマニュアルを作って、問題を処理してきたというのがユダヤ教の歴史である。

ところで、これらのマニュアルは絶対に書き記してはならず、ミシュナとして口伝で伝えられるべきものであった。ところが紀元二世紀頃、新約聖書の影響を受けて、ユダヤ人にもミシュナを書き記す必要が生じ、トーラーの注解としてのミシュナに、さらに注解や補則（これをグマラという）が加わるということが生じて、ますます複雑になっていったのである。このミシュナとグマラとを合わせたものを『タルムード』と言い、現在全二十巻、一万二千頁、二百五十万語に及ぶという。

そこで、あらためてユダヤ教文化というものを整理して考えてみると、ユダヤ教文化の基礎になっているのが旧約聖書であり、ユダヤ教文化の大黒柱になっているのが『タルムード』であると言えるのでる。そうしてこの膨大な数の『タルムード』をユダヤ教徒は読んでいる。中世の神学者スピノザ、経済学者のリカルド、さらにはマルクス、フロイド、アインシュタイン、またキッシンジャーに至るまで、多くのユダヤ教徒は毎日十分でも十五分でも、勉強してきたし、勉強している。そうしてまた、ユダヤとは何かを知るのには、『タルムード』を研究するのが、最善の方法であると言われている。

日本でも近々『タルムード』の和訳が出版されると聞いているので、わが国におけるユダヤ教文化についての研究はこれから進むと思うのだが、手許にあるいろいろな人たちの本から引用させてもらうと、例えば、「汝らユダヤ人は人間であるが、世界の他の国民は人間にあらずして獣類である」（ババメチア、一一〇・六）とか、「他民族の有する所有物はすべてユダヤ民族に属すべきものである。ゆえに汝ら遠慮なく、これをユダヤ民族の手に収むること差し支えなし」（シュルハン・アルーフ、ショッツォン・ハミッバット、三四八）というようなことも書かれているということだ。特に後者は、トーラーの『申命記』の七章・一〜二節にある言葉、すなわち、

あなたの神、主が、あなたの行って取る地にあなたを導き入れ、多くの国々の民、……すなわちあなたよりも数多く、また力のある七つの民を、あなたの前から追いはらわれる時、すなわちあなたの神、主が彼らをあなたに渡して、これを撃たせられる時は、あなたは彼らを全く滅ぼさなければならない。彼らとなんの契約をもしてはならない。彼らに何のあわれみをも示してはならない。

を思い出させる言葉である。遠い昔のことでならともかく、これをそのまま今の時代にあてはめられると大変なことになると思うのだが、ユダヤ教徒はどのように思っているのだろうか。とにかく、『タルムード』を読むことができれば、ユダヤ教徒の隠された秘密が見られることになりそうである。

ところで、トーラーにしろ、『タルムード』にしろ、これらのおびただしい数の律法を、

ユダヤ人は喜んで守っているのだろうかという疑問が（異教徒である）筆者にはある。この点について、昭和大学教授の石川耕一郎氏は次のように言っている。

……契約というのは、日本人になじみにくいものかもしれませんね。契約は、遊牧の民に独特なものだと考えてもいいと思います。それに、いろいろな解釈が可能ですから。

具体的な例をあげてみましょう。羊やヤギを飼っている半遊牧民たちは、農耕社会の周辺で生活している人たちです。その人たちは、遊牧だけでは生活できませんよね。動物の肉やミルクやチーズだけではなくて、穀物や野菜などが必要になってきます。そうすると、こうした物を作っている農耕民とまったく無関係に生活することはできないわけです。そこで、そうした物をどうやって手に入れるかというと、自分たちの手元にあるミルクやチーズや毛皮と物々交換をすることになるわけです。それに、彼らは羊やヤギを飼うためには、広い土地や牧草や水を求めて移住しなければなりませんから、当然定住して農耕をしている人たちの土地を横切ったり、場所を提供してもらう必要もあるわけです。

（『ひろさちやが聞くユダヤ教の聖典』四三頁、すずき出版、一九九三年）

砂漠といえども所有権があるので、勝手に横切ることはできないし、留まることもできないので、そのための契約がかわされるのであるが、契約に失敗して、他人の土地を通してもらえないときは、遠回りしなければならないことになる。このような契約の考え方がそのまま神と人間との間にもかわされていると考えれば、おびただしい数の律法を守っているユダヤの民の人たちを理解することができるであろうと氏は言う。『申命記』の七章・六節から九節に、

あなたはあなたの神、主の聖なる民である。あなたの神、主は地のおもてのすべての民のうちからあなたを選んで、自分の宝の民とされた。主があなたがたを愛し、あなたがたを選ばれたのは、あなたがたがどの国民より数が多かったからではない。あなたがたはよろずの民のうち、もっとも数の少ないものであった。ただ主があなたがたを愛し、またあなたがたの先祖に誓われた誓いを守ろうとして、主は強い手をもってあなたがたを導き出し、奴隷の家から、エジプトの王パロの手から、あがない出されたのである。それゆえあなたは知らなければならない。あなたの神、主は神にまします、真実の神にましまして、彼を愛し、その命令を守る者には、契約を守り、恵みを施して千代に及び、また彼を憎む者には、めいめいに報いて滅ぼされることを。

とあるが、遊牧民と農耕民との間の契約の考え方が、そのまま神と人間との間にもあてはめられていると考えれば、この『申命記』の文章の理解も、われわれ日本人には容易にな

るであろう。したがって、

ユダヤ教の場合、神に救われるために律法を守るということは、はじめから前提にはならないんです。ユダヤ教徒であるかぎり、すでに神から救われているというのが、彼らの前提なんです。ですから、すでに救われたユダヤ教徒は神からあたえられた生き方をするというのが、律法を守ることの意味です。

そして、律法を守るのは、他の民族には許されていないことで、ユダヤ人だけに許されたことだと考えるわけです。（『ひろさちやが聞くユダヤ教の聖典』九九頁）

と石川氏は言う。われわれ日本人のユダヤ教徒に対して抱いている「いやいや守っている律法の奴隷」という見方や考え方は、契約の観念のない日本人にとって如何に間違った見方であり、誤りであるかということを思い知らされる。

四　本願について

「啓示が下るとか啓示を受けるとかはどういうことか」ということについて、イスラームの宗教における「啓示」とは、アッラーからムハンマドへの発話行為（パロール）のことであると述べた。このことを親鸞の場合においても考えてみることはできるのではないだ

ろうか。例えば、

弥陀の五劫思惟の願をよくよく案ずれば、ひとえに親鸞一人がためなりけり。

（聖典・六四〇頁）

という言葉において、弥陀の「本願」とは「空《くう》」の親鸞へ向かっての発話行為《パロール》（行）であると言えるのではなかろうか。鈴木大拙博士は『親鸞の世界』（東本願寺出版部、昭和三十九年）の中で、

……いちばんはじめに、はじめというのは時間のはじめでなく、論理的なはじめですね。そのはじめには、いわゆる仏教学の空だ。空があった。その空の中に、その空が動き出したわけですね。なぜ空が動き出したかわからない。しかしたずねる必要もなにもないんです。空が動き出した。その動くそのことが願だとこういうんです。

（一一頁）

と、「空《くう》が動き出して願になる」と言っている。「空」は仏教における究極の真理であって、「如」とも言う。したがって、「空が動き出す」とは「真理がはたらきだす」ということで、「如来（タトハーガタ）」すなわち、「如から来る」ということである。そしてまた「タトハーガタ」は「如去」、すなわち、「如に去る」、「真理に戻っていく」という意味もあり、それも空の動くすがたである。曽我量深師も、同じ本の中で、

……大体、空というのも行でありましょう。ただの智でなくして、行でありましょう。空というと理のようになりますけれども、本当は空というのは、空の行でありましょう。（六二頁）

と言っている。師の言うように、「空」というと理（すなわち分別智）でもって「一切はゼロなんだ、空なんだ、色即是空なんだ」と考え、われわれの理解が「空」に停滞してしまうと、仏教で言う過失に陥ってしまうことになる。「空」は行である。「空即是色、空即是色」と動くものなのである。なぜ動くのかはパロールであるからわからなくても、動くことによって、われわれの有無の見（邪見）は破られ、その結果一切を無差別に見ることができる（平等覚）ようになる。これが龍樹以来の大乗仏教における空観思想である。

ところが、「空」がパロールとして私に向かって動いていても、それを私が信知（アウェイクニング）しない限り、「私」の邪見は破られることはない。親鸞の場合も、「空」の行（パロール）を「一如よりかたちをあらわして大誓願を起こされた法蔵菩薩」（『唯信鈔文意』、聖典・五五四頁）のはたらきとして信知したからこそ、それが「弥陀の五劫思惟の願をよくよく案ずれば親鸞一人がため」という親鸞の喜びとなったのである。「親鸞一人がため」という喜びの言葉は、そのまま念仏にかかわる。念仏はラングである。ところがアウェイクニングしない限り、われわれには「空《くう》の行」としてのパロールはわからないから、念仏も出ることはない。念仏が出なければ、法蔵菩薩のご苦労は、なおも続くと真宗では言うのである。

　智慧の念仏うることは
　法蔵願力のなせるなり
　信心の智慧なかりせば
　いかでか涅槃をさとらまじ
（聖典・五〇三頁）

と親鸞は言っている。

ムハンマドに啓示が下る場合を考えてみると、すでに述べたように、パロールがラングになるまで彼は苦しい思いをしたのであるが、真宗においては空の行である「本願」というパロールが「念仏」というラングになるためには、ムハンマドのような苦しみはないようである。ないかわりに、聞法をいくら続けても「本願がわからぬ」、「お慈悲がわからぬ」という苦しみが、毎日繰り返される。それでも聞法は続けていかねばならない。そうして聞法を繰り返していくうちに、ふっと如来の呼び声が聞こえてくるのである。因幡の源左の場合を見てみよう。

同行、「源左さん、あんたはいつ頃から法を聞きはじめなさいましたかやあ」。

源左、「十九の歳だつたいな。おらが十八の歳の秋、旧の八月二十五日のこつてやあ。親爺と一緒に昼まで稲刈りしとつたら親爺はふいに気分が悪いちつて家にもどつて寝さんしたが、その日の晩げにや死なんしたいな。親爺は死なんす前に、「おらが死んだら親様をたのめ」ちつてなあ。そのときから……一生懸命になつて願正寺さまに聞きに参つたり、そこらじゆう聞いてまはつたいな。

お寺の御隠居さんにや、さいさい聞かして貰ひ、長いことうお世話になつてやあ。いつつも御隠居さんは「源左、もう聞こえたなあ、有り難いなあ」つて云つてごしなはつただけどやあ、どがしても聞こえなんだいな、御隠居さんにやすまんし、しまいにやしぶとい我が身がなさけなあになり、投げちやあしまへず、じつとしちやをられんで、どがぞして聞かして貰らはあと思つて、御本山に上つたいな。御本山で有り難い和上さんに御縁にあはしてむらつたけど、どつかしても親心が知らしてもらへず、仕方がなあて戻つたいな、おらあ、ように困つてやあ。

ところが或年の夏でやあ。城谷《じようだん》に牛《でん》を追うて朝草刈りに行つて、いつものやあに六把刈つて、牛《でん》の背の右と左とに一把づゝ付けて、三把目を負はせうとしたら、ふいつと分からしてもらつたいな。牛《でん》や、われが負ふてごせつだけ、これがお他力だわいやあ。あゝ、お親さんの御縁はこゝかいなあ、おらあその時にや、うれしいてやあ。牛《でん》に草を負はした頃、やつと夜が明けて来たいな。そこにひと休みしとると、また悩みが起こつて来てやあ。その時「われは何をくよくよするだいやあ、仏にしてやつとるじやないかいや」と如来さんのお声がして、はつと思つだいな。

御開山様が「おのが使ひに、おのが来にけり」つてなあ。おらあ牛《でん》めに、え丶御縁をもらつてやあ。もどりにや、お親さんの御恩を思はしてもらい乍ら、戻つたいな。勿体なう御座ります。ようこそようこそ、なんまんだぶ、なんまんだぶ」

(附) 足利元治述、「源左爺さんは、三把目を負はす時、「ふいつと」知らせ貰ったことを語る時は、いつもえみを浮べ、とても嬉しさうな顔つきでした。「城谷で夜明けさしてもらつた」と云ってゐました」。(柳宗悦、衣笠一省編『妙好人因幡の源左』二〜四頁、百華苑、昭和五十四年)

「おのが使ひに、おのが来にけり」とは、空の行である如来が姿をとって(すなわち方便法身となって)、源左の前に「われは何をくよくよするだいやあ、仏にしてやつとるじやないかいや」と現れたということである。源左は、即《そく》、「勿体ないことです。有り難いことです。なんまんだぶ」と、念仏を申すばかりであったのである。

パロールをラングとして受け取った場合、ユダヤ教においても、キリスト教においても、またイスラームの宗教においても、受け取った人は神の使徒であり、預言者である。そのときその人は、神の召命にかなった者であるから、すでに述べたように、神の意志を伝えるために、聖でなければならない(『レビ記』一九章・一〜二節)。ところが浅原才市は、

あみだ如来と親子になれど、
ときどき、煩悩がでてならん。
ああはずかしや、なむあみだぶつ。

とうたっている。彼はパロールである弥陀の誓願によって、「煩悩具足の凡夫」である自分自身を見せつけられたのである。そのため、聖であるどころか煩悩のかたまりである自分自身がわかると、「ああはずかしや」と慚愧《ざんぎ》するほかはなかったのである。しかしながら才市の「せっかく親子になれても」という言葉に、弥陀の誓願に救われている煩悩のままの才市がある。そこのところが啓示宗教と違うところである。

　真宗においては、聞法ということによって、啓示宗教と同じように、人間改造が少しずつ行われている。それは、パロールとしての本願の働き（行）をアウェイクニング（信知）することができるようになっていくからである。その結果、才市や源左のように、聖性どころか煩悩のかたまりである自分を自覚し、「はずかしや」と慚愧せざるを得なくなる。真宗ではアウェイクニングした人のことを、神の使者とか預言者とは言わないけれども、親鸞の『正信念仏偈』には、

　一切善悪凡夫人　聞信如来弘誓願　仏言広大勝解者　是人名分陀利華（一切善悪の凡夫人、如来の弘誓願を聞信すれば、仏、広大勝解《しょうげ》の者《ひと》と言えり。この人を分陀利《ふんだり》

華《け》と名づく)。（聖典・二〇五頁）

とある。勝解者《しょうげしゃ》とは「すぐれた領解を持つ人」のことであり、分陀利華とはサンスクリットのプンダリーカ（pundarika）の音写で、白い蓮華の花のことであって、仏教では煩悩にけがされない清らかさを喩《たと》えるのに使われる花である。真宗においては、念仏の行者、信心の人のことを意味する言葉として使われている。そのほか妙好人という言葉も普通、使われている。要するに、聞法によって人間改造がなされると、パロールとしての本願のはたらきを身体で受け止めるようになるから、汚い泥の中から咲き出てくる美しい分陀利華のように、煩悩という醜い欲望のかたまりを持っていながら「聖」なる清らかさがその人にそなわるのである。才市も、源左も、榎本氏も、妙好人といわれる人たちは皆そうなのである。それは本願のお慈悲の光の中で生活していくうちに、おのずから煩悩が「聖性」となっていくからなのであろう。それが真宗の教えである。浅原才市は次のようにうたっている。

あさましの慚愧も胸にある。
ありがたの歓喜も胸にある。
慚愧、歓喜のなむあみだぶつ。

「あさましい」という慚愧の心と、「ありがたい」という歓喜の心とは、対立し、矛盾したものであるから、論理的には成り立たない。宗教についての常識的な考え方は、宗教生活を送るためには、すべからく「ありがたい」の心を持たねばならぬと考えるのが普通である。そしてまた啓示宗教の考え方においても、唯一絶対の神に対立する悪魔とか罪悪とかの存在は許されないから、「慚愧も胸にある」、「歓喜も胸にある」という二つのものが対立して存在するような考え方は理解できないところである。

しかしながら、仏教は、すでに述べたように、インドで生まれた宗教であるから、ゼロの思想から一切を考えていくと、ゼロの世界には、「あさましい」も「ありがたい」も、神も悪魔も、天国も地獄も、一切は矛盾したままでゼロのなかに存在するのである。「そんな馬鹿なこと……」と、西欧的な考えの人は言うかもしれないが、才市と同じような心境をうたっている榎本栄一氏の場合を考えてみよう。氏の「千波万波」という詩は次のような詩である。

千波万波

私は世に勝ったとは申されず
世に負けたとも申されず
世の順縁に育てられ
世の逆縁に育てられ

千波万波　ひかる

（『念仏のうた 常照我』二三頁、樹心社、平成七年）

「順縁に育てられ」とは、条件が整って、すべてのことがうまくいき、幸せを感じて生きているときであり、「逆縁に育てられ」とは、その反対で、何もかもうまくいかず、次から次へと不幸や災難が続いて、落ち込んで、悲しみながら生きているときであると考えられる。榎本氏は、そのつど一喜一憂することもあったであろうが、一切は因縁所生であるとの仏教の教えに従い、世の中の流れにまかせて、生きてきたのであった。歳を取った今、氏は自分の人生をふり返ってみるとき、荒波もさざ波もみな自分を育ててくれた御縁であったと思うばかりであった。すると、榎本氏には、荒波もさざ波も、みな光り輝いて見えてくるという。それゆえ、榎本氏には世の中の競争に勝ったとか、負けたとかという意識はなく、むしろ順縁も逆縁もみな有り難い、「私」を育ててくれた如来の「はたらき」であったと喜ぶばかりの榎本氏であったのである。

したがって、真宗における信心というものを分析すると、心がおだやかで、波風の立たない平和な境地というものではなく、いつも心の中には、対立したものが対立したままで存在し、そのためいつも荒波が立っているのであるけれど、南無阿弥陀仏という「智慧の念仏」の風が吹くおかげで、不思議にも荒波が立っているまま、さわやかであるという状態とでも言うべきなのであろう。釈迦は、有でもない無でもない、左でもない右でもない、

「中道」ということを教えているが、まさに才市の「慚愧、歓喜のなむあみだぶつ」というたにしろ、榎本氏の「千波万波　ひかる」のうたにしろ、「中道」そのものである。

次のうたは、才市の自問自答のうたである。

「才市、心に何がある」。

「才市、心に地獄があるよ。

日にち毎日炎がもえる。

目には見えねど、これが証拠を。

ありがたいな。

おやさまがわしの心に、なむあみだぶつと、とろけやい。

ごおんうれしや、なむあみだぶつ」。

「地獄の炎がもえている」という才市の自覚には、すでに念仏の風が吹いている。なぜならこれを真宗の言葉で言えば、空の行としての願いが、才市の中に入り込んで、地獄の猛火に苦しんでいる才市に、「願生我国」と願いをかけ、その願いが才市の心に「欲生彼国」という願いを起こさせるから、「おやさまがわしの心に、なむあみだぶつと、とろけやい」ということになって、「慚愧、歓喜のなむあみだぶつ」と喜んでいるからである。才市はまた、罪つくり、罪つくる人こそ仏なり。

罪つくらざる人は地獄なり。

知識の教えを聞かぬから。

ともうたっている。この場合の知識とは、善知識とも言い、仏教では良き教師、指導者の意味である。われわれは、生きている限り罪をつくり続けているのだから、善知識の教えを聞いていなければ、罪をつくっていることもわからないで、地獄の生活を送るばかりとなる。罪をつくり続ける才市にとっては、善知識である親鸞さまのおかげで、罪を持ったまま、そのままでお慈悲のなかに包まれているのだから、才市にしてみればこんな有り難いことはなく、「仏」だというのである。啓示宗教で言う聖とか清らかさというようなものは、真宗の信心にはない。ないけれども、「ありがとう」という感謝と、「すまぬ、申し訳ない」の慚愧の二つが、二つのまま、南無阿弥陀仏という念仏になって「とろけあい」のすがたが、聖と言えば聖なのである。

このように、真宗における「分陀利華」と言われる人、妙好人と言われる才市や源左というような人、榎本栄一氏のような人は、真宗の歴史において数多く輩出し、周囲の人たちに大きな宗教的感化を及ぼしている。真宗には預言者や使徒という言葉はないにしても、妙好人とか分陀利華と言われる人は、まったく預言者や使徒に等しい教化を果たしている。

そしてまた、本願寺第三代目の覚如上人は『本願寺聖人伝絵』の中で、親鸞は「阿弥陀如来の来現」であるとか、「弘通したまう教行、おそらくは弥陀の直説といいつべし」（いずれも聖典・七三〇〜七三一頁）と言っているので、啓示宗教の言葉を使えば、親鸞は阿弥陀如来の使徒であり、預言者であるということは可能であろう。

五　キリスト教の場合

イエスはユダヤの貧しい階層の人たちを中心にして、父なる神からの善き知らせ——福音を宣べ伝えたが、書いたものを何一つ残さなかった。後年になってイエスの教えを聞いた弟子たちが書き記したのが、『福音書』といわれる書物である。したがって、イエスの教えを知るのには、この『福音書』にたよるほかはない。パウロは『ガラテヤ人への手紙』の中で、

兄弟たちよ。あなたがたに、はっきり言っておく。わたしが宣べ伝えた福音は……ただイエス・キリストの啓示によったのである。（第一章・一一〜一二節）

と言っている。すでに何度も見てきたように、啓示を受けて預言者とか、使徒となる人は、その社会での宗教的指導者であり、場合によっては政治的指導者として、人々から認めら

れている。そのような神との契約が信仰の核となる社会においては、つねに新しい預言者が出現し、そのつど、神との新しい契約が結ばれるのである。なかでもイエスは『旧約』に代わる新しい啓示(新約)を、神から受け取った人と信じられているし、ムハンマドは最終の預言者として、神から最終の啓示を受け取った人と信じられている。したがって、イエスの場合は『旧約』に代わる新しい啓示を福音として、ユダヤの人たちに伝えたのである。そうして、救世主をひたすら待ち望んでいたユダヤ教徒たちは、イエスをメシアと信じたのであった。イエス亡き後、弟子たちはイエスをユダヤ教の伝統には存在しない「神の子」と位置づけ、神の子がキリスト(救世主)となって、直接人類の罪を贖《あがな》ったと信じ、イエスが宣べた福音は、イエス・キリストの啓示であるとして、パウロは人々に広めたのであった。

ユダヤ教は、一口に言うならば、律法を遵守すれば神の祝福と救済を得、律法に従わなければ神罰をこうむるという律法主義の宗教であり、しかも神に由来する律法を持っているという選民思想の宗教でもある。ところが律法は数が多く、そのうえ煩雑であるから、律法を遵守することは容易なことではない。ユダヤ教徒であるイエスは、人々に律法の改革を訴えたのであった。例えば、ユダヤ教の律法の一つ、すでに述べたところの安息日について、モーセの十戒では「安息日を覚えて、これを聖とせよ」とあるが、イエスは、また彼らに言われた、「安息日は人のためにあるもので、人が安息日のためにあるのではない。それだから、人の子は安息日にもまた主なのである」

（『マルコによる福音書』二章・二七節）

と言っている。また有名な「目には目を、歯には歯を」（『レビ記』二四章・二〇節）については、

『目には目を、歯には歯を』と言われていたことは、あなたがたの聞いているところである。しかし、わたしはあなたがたに言う。悪人に手向かうな。もしだれかがあなたの右の頬を打つなら、ほかの頬をも向けてやりなさい。

（『マタイによる福音書』五章・三八～三九節）

と言っているし、「姦通するな」（『レビ記』二〇章・一〇節）ということについては、

『姦淫するな』といわれていたことは、あなたがたの聞いているところである。しかし、わたしはあなたがたに言う。だれでも、欲情をいだいて女を見る者は、心の中ですでに姦淫をしたのである。

（『マタイによる福音書』五章・二七～二八節）

というようなことを人々に説いているのである。イエスのこれらの言葉を見ると、イエスは律法の廃止を主張したように受け取られるが、イエスは、

わたしが律法や預言者を廃するためにきた、と思ってはならない。廃するためでは

なく、成就するためにきたのである。

（『マタイによる福音書』五章・一七節）

とあるように、契約事項を杓子定規に守る必要はないという立場で、律法からの自由を説いたのであった。ところが、パウロは『ガラテヤ人への手紙』の中で、

……信仰による者は、信仰の人アブラハムと共に、祝福を受けるのである。いったい、律法の行いによる者は、皆のろいの下にある。「律法の書に書いてあるいっさいのことを守らず、これを行わない者は、皆のろわれる」と書いてあるからである。そこで、律法によっては、神のみまえに義とされる者はひとりもないことが、明らかである。なぜなら「信仰による義人は生きる」からである。

（三章・九～一一節）

と言い、さらに、

……見よ、このパウロがあなたがたに言う。もし割礼を受けるなら、キリストはあなたがたに用のないものになろう。割礼を受けようとするすべての人たちに、もう一度言っておく。そういう人たちは、律法の全部を行う義務がある。律法によって義とされようとするあなたがたは、キリストから離れてしまっている。恵みから落ちている。わたしたちは、御霊《みたま》の助けにより、信仰によって義とされる望みを強くいだいている。キリスト・イエスにあっては、割礼があってもなくても、問題ではない。尊いのは、愛によって働く信仰だけである。

（五章・二～六節）

と言って、神との契約を否定して、主イエス・キリストをひたすら信じることにのみ、救いがあることを説いたのであった。パウロにとっては、イエスが十字架にかかり、血を流して自らを神に捧げたことは、最初の契約（旧約）を犯した罪を、全人類に代わって贖ったということであり、イエスが死後三日目に復活し、昇天して神の右の座に就いたということは、この贖いが神に受け入れられた証拠であるという確信があったからである。

フランス東部のアルザス・ロレーヌ地方の、コルマールという町にあるウンターリンデン美術館で見たイーゼンハイム祭壇画はグリューネヴァルトの筆によるものであるが、十字架上のキリストの表情は苦痛のためにゆがみ、血が流れている肉体は反り返ったまま硬直し、そこには死斑が浮き出ていて、悲惨の極限を描いているという感じであった。神を信じようとしないわれわれの自我は、血を流すほどの苦しみを経なければ、滅することはできないのであることを、キリストの磔刑図は教えているのであろうと思う。そしてこの祭壇画の裏側には、復活したキリストが描かれているが、身体の傷は消え失せて、手に打たれた釘あとからは光が出ている。復活の想像図であるにしては、厳粛な雰囲気が伝わってくるのであった。したがって、血を流すような思いをしなければ、われわれは生まれかわること（復活）はできないのである。しかしながらこのような十字架による贖罪という発想は、イエスの弟子すべてが持っていた贖罪観ではなさそうである。だが、このようなパウロの贖罪観は、その後の教会主流派の教義として定着していくことになる。

結語

啓示とか本願の問題は、宗教を考えるうえにおいて、避けて通れない問題である。筆者はソシュール言語学のパロールとラングを使って、本願を考え、弥陀の本願はパロールで念仏はラングと一応考えてみたが、そのような単純なものではないという批判がありそうである。

かつて、曽我量深師が法蔵菩薩は阿頼耶識《あらやしき》であると言って、仏教界に一石を投じたことがあった。師の言う阿頼耶識はソシュールの言うパロールではなかろうかと思うのである。阿頼耶識とは、仏教心理学とでも言うべき唯識の学問で使われている言葉である。

唯識学ではわれわれの意識のはたらきを八つに分類している。すなわち、われわれの意識のはたらきを、眼識、耳識、鼻識、舌識、身識、意識の六識と、それから、われわれの無意識のはたらきの領域とでも言うべき第七識の末那識《まなしき》と、第八識の阿頼耶識の八つである。

このうち一番目の眼識から五番目の身識までは、私どもが日常言っている五官のことで、唯識学では一番目から五番目までをひっくるめて、前五識と言っている。第六番目の意識というのはわれわれの通常の意識であるが、次の第七番目の末那識の支配を受け、あるいは末那識をよりどころとしている意識である。末那識は人間の分別意識であって、第六番目の意識の底ではたらくところの、人間の自我のはたらきである。われわれは「オレが……」と言い（我見）、「オレのもの」と言う（我所見）のも、末那識である「オレ」という自我が意識をして主張せしめているから、末那識は迷いの根元であると仏教では言う。このように、第六識である意識は、この末那識によってコントロールされ、末那識の指令ではたらいているのだから、善悪というように二者択一的に分別し、善を肯定し悪を否定するというような行為とか、イエスあるいはノーと分別したりするのも、みな末那識がさせているのである。

一方、阿頼耶識の方は、いわば、純粋の「われ」であり、本来の自己というべきものであるのだが、末那識はこの阿頼耶識のはたらきをも固定してしまうはたらきを持っている。したがって、阿頼耶識が固定されてしまうと、末那識だけがはたらいて、「オレが」とか、「オレのもの」だと言って、自己中心的に世界を見、あるいは二者択一的に判断していくような、意識にさせるのである。ところが純粋な「われ」であり、本来の自己である阿頼耶識がはたらくときは、末那識のはたらきを超えて意識にはたらくから、「善」を良しとし「悪」を憎むというようなこともなく、一方を愛し、他方を毛嫌いするようなこともなく、善も悪も大事、天国も地獄も必要というように、融通無碍に、すべてを公平に見ていくのである。禅の方で悟るというのはこの阿頼耶識のはたらきを悟るのであるし、真宗の方ではこの阿頼耶識のはたらきを法蔵菩薩のご苦労と言い、念仏を申す身になったときは法蔵菩薩の誓願が成就したと言う。

一からすべてが始まるという考え方と、すべてはゼロであり、ゼロから始まるという考え方の違いは、唯識学から見れば、前者は末那識のはたらきであり、後者は阿頼耶識のはたらきによると言えるであろう。私たちは末那識のはたらきによって行動する限り、「オレ」という自我を立てるから、オレについてくる者を愛し、反対する者、たてつく者を毛嫌いしたり憎んだりする。そういうようなときに、すなわち、そういう「オレ」に執着している限り、迷いは晴れないし、対立によって苦しまねばならないよと、阿頼耶識は阿頼耶識に目覚めてくれ、阿頼耶識によって生きてくれと、はたらいているのである。

曽我量深師は、唯識学の立場から、阿頼耶識は法蔵菩薩であり、阿頼耶識のはたらきが因位の法蔵菩薩の本願であり、南無阿弥陀仏という念仏であると言うのである。それゆえ、阿頼耶識はすべての人にあるのだから、法蔵菩薩は人間の数だけあると言うことができる。そうして、因位の法蔵菩薩が阿弥陀如来になっている人もいるし、本願が成就しないので修行を続けなければならない法蔵菩薩もいる。阿弥陀仏はただ一人ではないのである。仏教では釈迦は悟りを開いて仏になったというが、何を悟って仏になったのかと言えば、阿頼耶識のはたらきによって、阿頼耶識のはたらきを悟ったということである。因位の法蔵菩薩のはたらきを信知し、純粋なる「われ」のはたらきを悟ったからこそ、釈迦は「唯我独尊（われ一人尊し）」と宣言できたのである。現代人は末那識をもって、「われ一人尊し」としているのではなかろうか。曽我師によれば、

『法華経』には、「地涌の菩薩」ということが書いてある。あれは、原始人でしょう。文化人がいばっているのに、野蛮人が出てくる。野蛮人というのは、「一文不知」ということでしょう。上行菩薩なんていうのは、一文不知でしょう。そうしてみれば、釈尊もまた一文不知である。久遠実成の釈迦も、一文不知の代表者である。そういうものでしょう。おそらくは、阿弥陀如来という仏さまも、一文不知の仏さまにちがいない。本当の仏さまというのは、一文不知である。一文不知ということが、大乗仏教であるにちがいない。一切空と申しますが、空というのは一文不知ということでしょう。さとりをひらいたというのは、自分は賢いとおもっていたものが、本来の一文不知というところに帰って来た。いらない猿智慧というものが皆ぬけてしまった。それがすなわち、諸法実相ということであり、阿弥陀の本願ということである。そういう

ものであります。（『曽我量深選集』第一二巻、一三六〜一三七頁、弥生書房、昭和六十二年）

と言っている。おもしろい師独特の言葉であると思うのだが、阿頼耶識のはたらき、すなわち阿弥陀如来のはたらきに目覚めれば、「猿智慧というものが皆ぬけてしまう」という。それが、一文不知だと曽我師は言うが、それは愚者になるということでもある。愚者になるとは、親鸞の言葉で言えば、『歎異抄』にある「善悪のふたつ総じてもって存知せざるなり」（聖典・六四〇頁）ということである。良いとか悪いなどと分けるのではなくて、むしろ良いことも悪いことも何もない、「そのまま」ということに気がつくということが愚者である。役に立つ役に立たないではなくて、みんなすべてが役に立つのであるというのが一文不知である。それが阿頼耶識のはたらき、すなわち阿弥陀如来の本願であり、南無阿弥陀仏である。そうしてわれわれは阿頼耶識のはたらきを、「あるがまま、そのまま」に受け取っていくのが弥陀の本願を信知するということである。そうして阿頼耶識のはたらき、すなわち南無阿弥陀仏に乗託する、おまかせすることによって、「愚者になりて往生す」（聖典・六〇三頁）ることができる。それが真宗における他力の救済ということである。それゆえ、

往生は、なにごともなにごとも、凡夫のはからいならず、如来の御ちかいに、まかせまいらせたればこそ、たりきにてはそうらえ。（聖典・五六七頁）

と、本願念仏の道は阿頼耶識のはたらきに「まかせまいらせ」ることにあることを親鸞は言っている。曽我師は、

本願ということほど尊いことはない、と思うのです。仏さまの本願によって、われわれもまた仏さまと同類だということを教えられる。われわれのようなものでも仏さまと同類かといわれるかもしれないけれども、本願を聞くと、同類ということが分かる。本願ということを別の言葉で言えば、南無阿弥陀仏と言うのでしょう。南無阿弥陀仏という言葉を聞くと、われわれは本当に仏さまと同類だということを知らされる。成仏したと言ってよい。そういうわけではないかもしらんけれども、成仏したと同じことなのです。

（『曽我量深選集』第一二巻、一三八～一三九頁）

と言っている。本願による救済は啓示による救いと同じことであると考えるものであるが、真宗における救済は、「衆生本来仏である」ということであるから、どんな人でもどんな生き物でも、仏さまである阿弥陀如来と等しいのだ、曽我師の言葉で言えば、同類であるというところに、その特色がある。

第六章　信仰（信心）の具体的行為

一　イスラームの宗教においては六信五行が求められる

イスラームの宗教においては、アッラーへの信仰が具体的に六信五行というかたちで表される。まず、六信ということについてであるが、六信とは六つの信仰ということで、

イ　神アッラー
ロ　天使ジブリール（ガブリエルのこと）
ハ　啓典（キターブ）
ニ　預言者（ナービー）
ホ　来世（アーヒラ）

へ　天命（ガダル）

を信じなければならないのである。

アッラーについては、これまで述べてきたように、唯一絶対の神であり、万物の創造主であり、慈悲深く、慈愛あまねき神であり、最後の審判の主宰者であり、子もなく親もなく、ならぶ者なき神（一一二章・三節）のことで、そのアッラーを信じるのである。アッラーについての「子もなく親もなく」というのは、アッラーが他の神的存在から生み出されたのではないということ、そして、また他の神的存在を生んだこともないということを言うのであって、絶対的存在であることを表している。これはイエス・キリストが神の子であるとするキリスト教の教義と根本的に異なる点であるから、アッラーは、

神はすなわちマルヤム（マリア）の子メシアであるなどと言う者ども（キリスト教徒のこと）はまぎれもない邪宗の徒。（五章・一九節）

と言っている。もしも唯一絶対である神が子を産むとするならば、神の唯一絶対性は否定されることになるので、イスラームの宗教では、むしろ、イエス・キリストは預言者の一人にすぎないのだと考えている。それゆえ、ムハンマドについても、

ムハンマドも結局はただの人。（三章・一三八節）

で、ムハンマドの神性もイスラームの宗教では否定されている。

このようなアッラーの言葉は、イエスを神の子と信じているキリスト教徒にとって、とうてい承服できないことなのである。さらに『コーラン』にはキリストの磔刑を否定する言葉もある。

彼らは信仰に背きマルヤム（聖母マリア）についても大変なたわごとを言った。それればかりか「わしらは救世主、神の使徒、マルヤムの子イーサー（イエス）を殺したぞ」などと言う。どうして殺せるものか、どうして十字架に掛けられるものか。ただそのように見えただけのこと（回教ではイエスが十字架にかけられて死んだことをユダヤ人の虚言として否定する。イエスでなくてイエスに似た男が殺されたに過ぎない）。もともと（啓典の民の中で）この点について論争している人々は彼（イエス）について（本当にイエスが殺されて十字架にかけられたかどうかについて）疑問をもっている。彼らにそれに関して何もしっかりした知識があるわけでなし、ただいいかげんに憶測しているだけのこと。いや、彼らは断じて彼（イエス）を殺しはしなかった。アッラーが御自分のお傍に引き上げ給うたのじゃ。アッラーは無限の能力と智恵をもち給う。（四章・一五五～一五六節）

それからまた、ユダヤ教徒に対するアッラーの怒りの言葉がある。

ユダヤ教を信奉する者どもの悪業の罰として、従来は許可されていた美味《おい》しい（食物）の幾つかを我らは禁止した。それからまた彼らがアッラーの道を塞いで多くの人々を妨げた罰として。

それからまた彼らは、禁を犯して利息を取り、みんなの財産を下らぬことに浪費した。彼ら（ユダヤ教徒）の中の信なき者どもには苦しい天罰を用意しておいたぞ。

けれど、彼らの中でも、（宗教上のことについて）確乎不抜《かっこふばつ》の知識をもっている人々、それからお前（マホメット）に下された天啓と以前に下された天啓とを信じて疑わぬ信者たち、それから礼拝をきちんと守り、定めの喜捨を（こころよく）出し、アッラーと最後の日を信ずる人々、そういう人々には我らが必ず大きな褒美を与えようぞ。

（四章・一五八〜一六〇節）

六信五行の中の五行には、後ほど述べる「喜捨」という行為があるが、喜捨という観点からしても、利息を取るということは許される行為ではないとアッラーは言うのである。

仏教の釈迦についてはどうであろうか。ムハンマドの時代には、まだイスラームの宗教はインドにまで達していなかったのであるが、おそらくムハンマドと同じように、釈迦も結局はただの人であり、イエスと同じように、釈迦も預言者と言われるであろう。

第二の天使ジブリールを信じることについてであるが、ジブリールはムハンマドにアッラーの使いとして啓示をもたらし、預言者としての自覚を与えた聖霊なのである。

言ってやれ、「何者ぞ、ジブリール（天使ガブリエルのこと。回教ではこの天使はキリスト教のいわゆる「聖霊」と同一視され、アッラーとマホメットとの間にあって啓示を仲介するものとされる）に敵するは。（そのような人は神の敵。なぜならジブリールこそ）アッラーのお許しをえて汝（マホメット）の心に（『コーラン』を）斎《もたら》し、それ（『コーラン』）に先行するもの（モーセの律法及びキリストの福音）の確証たらしめ、かつ信仰厚き人々のための導きとなし、喜びの音信《たより》となした者であるぞ（だからマホメットの『コーラン』を信仰しないということは要するに天使ガブリエルに敵対することになり、さらにまた神に敵することになる）。アッラーとその天使たちと、その使徒たちと、ジブリールとミーカール（天使ミカエル）とに対して敵となる者は、アッラーこそ、そのような無信仰な者どもの敵にましますぞ」

我ら（アッラー自称）は汝（マホメット）に数多くの神兆、誰の目にも明らかな徴《しるし》を下した（マホメットの考えでは、『コーラン』が啓示されたという事実が既に疑うべからざる「明白なる神兆」。つまり奇蹟なのである）。それを信じないのは邪曲のやからばかり。

（二章・九一〜九三節）

とある。ジブリールは神と預言者との仲介者である。

第三の啓典を信ずること。啓典は天啓書とも言われ、神が預言者を介して人類に下した『モーセ五書』『ダビデへの詩篇』『福音書』、そして『コーラン』の四種がイスラームの宗教では重要とされている。それら四種の中でも、『コーラン』は啓典中の啓典で、神アッラーの言葉を完全に伝えたものとされている。これに対して他の三種は『コーラン』以前の啓典で、アッラーの啓示ではあるが、それらに語られている真理は部分的なもので、不完全なものとイスラームの宗教では考えられている。コーランの次の言葉、すなわち、

さて彼らの手もとにあるもの（聖書を指す）を更に確証するために（別の新しい）聖典（コーランを指す）がアッラーから遣わされた時、自分では以前から異端者どもに対して勝利をお授け下さいと（アッラー）にお願いしておったくせに、心に思っていたものがいざ下されたとなると、それを信じようともせぬ。ああすべての罰当たりどもにアッラーの呪いがふりかかればいい（マホメットの考えでは、『コーラン』はそれに先行する『旧約聖書』と『新約聖書』の「確証」として新たに啓示された聖典であるのに、ユダヤ教徒とキリスト教徒は、それをちゃんと承知しているくせに信仰しようとしないというので非難される）。

（二章・八三節）

とあるように、コーランは完全な神の言葉なのである。

さらにコーランを完全なものとする考えは『コーラン』の原本が天国にあるという考え方である。これは、井筒博士の言葉で言えば、コーランは「イスラームの究極の源泉」から発せられた言葉であるからということになる。すなわち、井筒博士は、

要するにアッラーはイスラームの究極の源泉であり、一切の最後の帰着点であって、イスラームについては何をどう問題にしようと、結局話はアッラーに来てしまうのだ。

（『イスラーム生誕』一四一頁、人文書院、一九八三年）

と言っている。コーランにも、

真理はお前の主から下されたもの。ゆめ疑念をもったりしてはならぬぞ。

（二章・一四二節）

とあるから、究極の源泉であるアッラーは真理のはたらきそのものとしてムハンマドにはたらくと、啓示というかたちをとるから、コーランは啓示の集大成とでも言うべきものである。

このように考えると、すでに述べたことであるが、鈴木大拙博士の「空が動き出して願になる」という言葉を思い出す。なぜなら無意識の領域ではたらくパロール（阿頼耶識）が意識の領域にとびだしてラングになったのが『コーラン』であり、同じように無意識の領域ではたらく阿頼耶識（パロール）が意識の領域にとびだしてラングになったのが阿弥陀如来の四十八種類の『本願』である、いわゆる「説我得仏……」ではじまる『本願』である。

しかしながら、『コーラン』には、神のこと、天国や地獄の描写、終末、復活、それらに続く最後の審判のことのみならず、家庭生活に関する結婚や離婚、さらには食べ物のことなど、多義にわたって語られているのに対して、四十八種類の『本願』の内容は『コーラン』ほどの具体的な日常生活にかかわるものはなく、むしろ形而上的なことが説かれている。その点が、『コーラン』と異なるところである。このようにコーランはアッラーという究極の源泉から発せられたものであるから、コーランの原本は天国にある、あるいはアッラーにあるとムスリムたちが考えても不思議なことはない。

第四の預言者（ナービー）であるが、コーランには二十五人の預言者が記録されている。しかしながら、ムハンマドを除く他の預言者たちはいろいろな妨害にあって、神の言葉を正しく人々に伝えることができなかった。例えば、イエスについて次のように述べている。

> かくてムーサーに聖典を授与し、彼のあとも続々と（他の）使徒を遣わし、（中でも）マリヤムの息子イーサー（マリアの子イエス・キリスト）には数々の神兆を与え、かつ聖霊によって（特に彼を）支えた。ところが、汝ら（ユダヤ人たち）は己が気にくわぬ（啓示）を携えた使徒が現れるたびに傲慢《ごうまん》不《ふ》遜《そん》の態度を示し、（それらの使徒の）あるものをば嘘つきよとののしり、またあるものは殺害した。（二章・八一節）

このようなことで、アッラーは最後の啓示を下すためにムハンマドを召命し、ムハンマドもそれに答えて、人々に神の言葉を啓示として伝えたのであった。

第五の来世（アーヒラ）を信ずることについてであるが、イスラームの宗教においては、現世よりも来世を大事にする。コーランには、

これ、信徒の者、……現世にそれほど満足で、来世などはどうでもいいというのか。この世の楽しみなど、来世にくらべたら、取るにも足らぬものなのに。（九章・三八節）

とか、

来世の畑を耕そうとする者があれば、我らはその収穫を増やしてやる。現世の畑を耕したい者には、望みどおりに（現世の収穫）だけはくれてもやろうが、来世では何の分け前もいただけぬ。（四二章・一九節）

と述べてある。終末の日に最後の審判が行われるが、そのとき天国行きか地獄行きが決まるという。天国行きの人たちは、現世でアッラーの教えを守った人たちであり、地獄行きの人たちは「来世などはどうでもいい」と言い、アッラーの教えに見向きもせず、現世の楽しみにふけった人たちである。

最後の、第六の天命（カダル）を信ずるとは、一種の宿命とか運命を信ずることである。アッラーは創造主であり、今なおアッラーの創造は人間のために、終末の日まで続いているのである。井筒博士の言葉で言えば、「神のこの瞬間的創造行為の連鎖が、世界、そして人間の歴史を形成する」（『イスラーム文化』六七頁、岩波書店、一九八六年）。万物の創造が

人間のためである以上、すべてはアッラーのものであり、アッラーはそれらを支配する絶対的力をもった存在であるから、すでに述べたように、唯一絶対者なのである。一方、人間はアッラーによって創られたものであるから、人間の自由意志というものはなく、すべて神アッラーの意志に従わなければならない奴隷である。それゆえ、アッラーは、

　なにごとによらず、「わしは明日これこれのことをする」と言いっぱなしにしてはならない。必ず「もしアッラーの御心ならば」と（つけ加える）ように。もし忘れたら、主の御名を唱え、「おそらく主は私を導いて、これよりもっと正道に近いところへお連れ下さるであろう」と言うように。　（一八章・二三〜二四節）

と言っているように、「アッラーの思し召しならば《インシャー・アッラー》」という言葉が、良きにつけ悪しきにつけ、人々は使うことになる。例えば約束の時間に遅れたり、そそうして物をこわしたりしたときに使われる。（だが、このたびのアフガニスタンにおけるアメリカ軍のアルカイダ掃討作戦において、アメリカ軍機による誤爆は多くの罪のないアフガニスタンの市民たちに被害をもたらしているが、テレビに放映されている妻や夫、親や子どもを誤爆で亡くした人たちが、これも、「アッラーの思し召し」と泣きながら、諦めている姿は、「目には目を、歯には歯を」といきまいている人たちと対照的であって、これも「天命を信ずる」ことの一つなのだなあと思われて、何とも心が痛みつけられる思いがしたことである。）コーランには、

また一人一人の人間の頸に、我らそれぞれの鳥（古代アラビアでは、鳥で吉凶を占うことがさかんで、「鳥」と言えば運命を意味する）を結びつけておいた。やがて、復活の日となれば、一人一人が開いた帳簿（現世でやったことが細大漏らさず記録されている）をつきつけられる。「さ、お前の帳簿だ、読んでみるがよい。今日という今日は、自分が自分の決算をつける日」

（一七章・一四〜一五節）

とあるので、消極的に考えれば、人間各自の運命は、現在も未来も、神によって定められていて、人間の自由意志はないということになる。しかしながら、積極的に考えてみれば、「人事を尽くして天命を待つ」という生き方もできるはずである。

仏教の場合はどうであろうか。仏教は唯一絶対の神というものはなく、すべては因と縁によって成り立っているという「縁起の道理」の思想である。『阿含経』によれば、

如来が世に出でますも出でまさざるも、この道理は定まった性質のものであり、法として確定した性質のものであり、これ縁起の道理である。如来はこれを現等覚し、了解する。現等覚し、了解し、教示し、知らしめ、設立し、開顕し、分別し、明らかにし、そして、「汝ら、見よ」と、言う。

（山口益篇『仏教聖典』一七一頁、平楽寺書店、昭和四十九年）

と教えている。したがって、例えば、われわれが人間としてこの世に生をうけたのも、

「人身受け難し、いますでに受く」で、深い「因縁」(縁起の道理のこと)があったればこそと仏教では教えている。親鸞は師法然との出会いがなかったならば、自分の人生はむなしいものであったであろうと、

曠劫多生のあいだにも
出離の強縁しらざりき
本師源空いまさずば
このたびむなしくすぎなまし

と言って、法然との出会いを深い因縁があったからこそと喜ぶのであった。しかしながら、われわれの人生における出会いと別れを考えてみると、子どもに死なれるという親としては辛い、悲しい出会いもある。それも仏教では縁起の道理によって、「因縁である」と教えている。そのように考えると、人間各自の運命は、現在も未来も、縁起の道理によって定められているということになってしまって、イスラームの宗教における消極的な「天命」観と同じになってしまうであろう。

人間だれしも良いことは「御縁がありまして」と言って因縁を喜ぶけれど、悲しいことや辛いことは因縁だとは認めたくないものだ。仏教ではすべては因縁の道理によって成り立っているという思想であるのだから、良いことも悪いことも、嬉しいことも悲しいこと

も、すべて自分が引き受けなければならない因縁であり、その因縁から逃げ出すことができないのだから、自分がその因縁を引き受けて立ち上がりましょうということで、立ち上がることが大切なのである。それが仏教における「人事を尽くして天命を待つ」(因縁所生のことに対しては一生懸命に努力し、あとは静かにその結果を待つ)という、積極的に人生を生きる姿勢なのである。

以上のようにイスラームの宗教における「六信」は、ムスリムにとってとても重要な教えであるのだが、たとえ信者が六信ということにおいて完璧であっても、これから述べる五行が六信に伴っていないようなことであるならば、ムスリムとしてその信仰は本物でないと見なされる。なぜなら五行は自分の信仰をより強固なものにしていくための実践であり、その実践を通してアッラーの教えを自分のものにしていくことになるからである。五行とは以下のものを指す。

イ　信仰告白(シャハーダ)
ロ　礼拝(サラート)
ハ　断食(サウム)
ニ　喜捨(ザカート)
ホ　巡礼(ハッジ)

第一の信仰告白は「アッラーのほかに神はない《ラー・イラーハイッラーラー》。ムハンマドはアッラーの使徒である《ムハンマド・ラスールッラー》」という言葉（カリマ）を唱える行で、入信の際、神に服従帰依するときの最低必要な信仰告白である。

第二の礼拝について。コーランには、礼拝するときの方向が決められている。

こうして見ておると、お前（マホメット）は（どっちを向いてお祈りしていいのかわからなくなって）空をきょろきょろ見廻している。よし、それならここでお前にも得心のいくような方角を決めてやろう。よいか、お前の顔を聖堂（メッカの神殿）の方に向けよ。（ここから信徒一般への呼びかけとなる）汝ら、何処《いずこ》の地にあろうとも、必ず今言った方角に顔を向（けて祈る）のだぞ。聖典を授けて戴いた人ならば、これが神様の下された真理だということがすぐわかるはず。人々の所業をアッラーは決してぼんやり見過ごしたりなさりはせぬぞ。

（二章・一三九節）

したがって、ムスリムは礼拝のときは必ずメッカの方向に向かって礼拝するのである。礼拝は一日に五回行われる。すなわち、夜明けとともに起床して行われる礼拝が「早朝（ファジュル）」の祈り、忙しい一日の真ん中に行われる礼拝が、「正午（ズフル）」の祈り、正午と日没の間に行われる礼拝が「午後（アスル）」の祈り、四回目の礼拝が「日没（マグリブ）」の祈り、そして就寝前に行われる礼拝が「夜（イシャー）」の祈りである。

礼拝の動作は、直立、屈伸、平伏、正座という四つの動作から成り、それぞれの動作の合間にムスリムは決められた祈りの言葉を唱えることになっている。また礼拝で行う所定の言葉と所定の動作から成る一連の言動を単位（ラクア）と言い、一回の礼拝で二回から三回のラクアを繰り返すことになっている。したがって「早朝の礼拝」は二ラクア、「正午の礼拝」と「午後の礼拝」はそれぞれ四ラクア、「日没の礼拝」は三ラクア、そして「夜の礼拝」は四ラクアが義務である。そのほか、合同礼拝（サラート・ル・ジャマーア）があるが、これは成人男子がイマーム（導師）の他に一名以上いる場合で、十歳以下の男子もしくは婦女子がイマームの他に一名だけしかいない場合は合同礼拝は成り立たないとされている。また合同礼拝のとき、成人男子が一人のときの場合は、導師の右側の後ろに立ち、複数の男子の場合は導師の後ろに一列に並んで立つ。少年たちは成人男子の後ろに並び、婦女子たちは少年たちの後ろに整列することになっている。

定めの礼拝を正しく守れ、それから真中の礼拝も。清らかな心でアッラーの御前に立つのじゃ（回教の定時の礼拝は日に五回であるが、最初からそうだったのではなく、いちばん初めのメッカ時代では暁、日没、夜であった。メジナに還行してからまずここに出てくる「真中の」—つまりお昼の礼拝が加えられた。さらにこれに午前の礼拝が付加されて五回になる）。危険が迫っておる場合には、立ったまま、あるいは（駱駝に）乗ったままでもよいが、安全な状態にあっては御自ら始めて汝らに教えて下さったように（正式な礼拝で）アッラーを念ぜよ。

（二章・二三九〜二四〇節）

このようにして、ムスリムは合計十七ラクアで構成された礼拝を、毎日毎日、一日五回行うのであるが、一回の礼拝に要する時間は五分くらいであるというから、一日五回の礼拝時間は合計三十分以内で済ませることになる。このほかにも任意の礼拝があるが、とにかく「慈悲深く慈愛あまねきアッラーの御名において」とか「アッラーは偉大なり」、「すべての賞賛はアッラーのため」などの定められた礼拝の言葉を繰り返し唱えることによって、アッラーに対する服従と、ムスリム同士の一体感が生まれるようになる。また祈りの言葉がアラビア語に統一されていることは、社会的にまた政治的に、人々の考え方を一つにする役割を果たしているものと考えられる。真宗における同朋唱和も、門徒としての一体感をつくることに役立っている。

モスクにおける合同礼拝などにおいて、コーランが朗々と読み上げられる。コーランには、

クルアーン（『コーラン』）が朗誦されている間は、汝ら、よく聴いて、おとなしくしておれよ。さすればきっと御慈悲をかけて戴けよう。

（七章・二〇三節）

とある。とにかくコーランは、

現にこのクルアーンにしても、アッラー（の霊感）なしに（人間が）頭で作り出せるようなものではない。それどころか、これこそは、先行する（啓典）を確証するものであり、かつはまた、疑念の余地もなく（明らかに）万有の主の下し給う啓示の書（一般）を解明するものである。

（一〇章・三八節）

というものであるので、ムスリムたちが礼拝するとき、朗誦される声をアッラーの声として聞くのである。

第三の断食（サウム）について、コーランには次のように書いてある。

これ信徒の者よ、断食も汝らの守らねばならぬ規律であるぞ。……この断食のつとめは限られた日数の間守らなければならぬ。但し汝らのうち、病気の者、また旅行中の者は、いつか他のときに（病気が直ってから、あるいは旅行から帰った後で）同じ数だけの日（断食すればよい）。また断食をすることが出来るのに（しなかった）場合は、貧者に食物を施すことで償いをすること。しかし（何事によらず）自分から進んで善事をなす者は善い報いを受けるもの。この場合でも（できれば規則通りに）断食する方が、汝らのためになる。もし（物事の道理が）汝らにはっきりわかっているならば。

（二章・一七九〜一八〇節）

断食の夜、汝らが妻と交わることは許してやろうぞ。彼女らは汝らの着物、汝らはまた彼女らの着物。アッラーは汝らが無理しているのを御承知になって、思い返して、許し給うたのじゃ。だから、さあ今度は。（遠慮なく）彼女らと交わるがよい。そしてアッラーがお定め下さったままに、欲情を充たすがよい。食うもよし、やがて黎明の光りさしそめて、白糸と黒糸の区別がはっきりつくようになる時まで。しかしその時が来たら、また（次の）夜になるまでしっかりと断食を守るのだぞ。礼拝堂におこもりしている間は、絶対に妻と交わってはならぬ。これは、アッラーの定め給うた規定《さだめ》だから、それに近づいて（踏み越え）てはならぬ。このようにアッラーは人間にそのお徴《しるし》を説き、明かし給う。こうすればきっとみんなも敬神の念を抱くようになるかも知れぬとお思いになって。

（二章・一八三節）

断食はイスラーム暦第九月（ラマダーン月）の三十日間である。イスラーム暦は太陰暦であるため、太陽暦より約十一日、一年の日数が少ないから、ラマダーン月は太陽暦に直すと年によって違い、真夏のときもあるし、真冬の月もある。

この断食は、たとえ目の前に食物があっても、アッラーの教えによって、空腹に耐えなければならないし、喉が渇いても、水も飲むことを自制しなければならないので、ラマダーンの月はムスリムにとって苦行そのものを味わわねばならない。しかしながら、そのような断食を行うことによって、断食を全うしたときの喜びは大きく、またアッラーへの忠誠心、アッラーへの親近感をあらためてムスリムは感ずるのである。そのうえ、断食はムスリムである以上、貧富の差にかかわりなく、老若男女、健康である限り、ともども行われるので、金持ちは貧乏な人のひもじさを味わうことであろうし、同情の念や慈愛の気持ちを養うことになる。とにかく断食は欲望のままに振る舞う日頃の行為を抑制するので、人間を欲望の奴隷から解放し、欲望をコントロールすることを学び、金銭欲も自制され、次に述べる喜捨という行為も自然に行われるようになる。

五行の第四は喜捨（ザカート）である。コーランにはせっかく喜捨をしても、恩着せがましい行為は無効であると、次のように言っている。

これ汝ら、信徒の者、せっかく施し物をしておきながら、後で恩きせがましくしたり、偉ぶったりしてそれを無効にしてはならぬぞ。いかにも見てくれがましく自分の持ち物を施しはするが、その実アッラーも最後の（審判の）日も信じていない人のするように。そういう人をものの譬《たと》えで説こうなら、まず土をかぶった岩石か。ひと雨ざっと襲って来たら、すっかりはだかになってしまう。せっかく今まで稼いでおいても、そうなったが最後もうどうにも出来はしない。信仰のない人々をアッラーは導いて下さりはしない。これに反して、アッラーのお気に入ろうがため、かつはまた自分の信心の固めのために己が財産を費やす人々は、喩《たと》えてみれば、まず丘の上の果樹園のようなものか。ひと雨ざっと襲って来れば、とれる果実は二倍にふえ、雨がふらねば露がふる。アッラーは汝らのすることは何から何まで見ていらっしゃる。

（二章・二六六〜二六七節）

喜捨は人に知られないように、こっそりとするのが身のための功徳となると言って、

汝らどんなことに金を使おうと、どんな願立てをしようと、アッラーはすっかり御存知。不義をはたらく徒《やから》には助け手もない。汝ら、己の施しごとを、目立つようにしてももちろん結構、だが、そっと隠して貧乏人にくれてやるならもっと自分の身のためになり、その功徳で（前に犯した）悪事まですっかり帳消しになる。アッラーは汝らのしていることにはすっかり通じていらっしゃる。

（二章・二七三節）

と言う。それなのに、

……アッラーと最後の日を信じ、アッラーが恵んで下さったものを幾分か喜捨するくらいのことで一体、何が損だというのであろう。彼らのことはアッラーはすっかり御存知じゃ。

（四章・四三節）

とアッラーは怒りをあらわにしているのである。そうしてアッラーは邪悪な人間からの義《ぎ》捐金《えんきん》は受け取らぬ（九章・五三〜五四節）とも言う。そのうえ、貯め込むだけのケチをアッラーは不信心者扱いしている。

……己もケチの上に他人にもケチを勧め、アッラーから授かったお恵みは隠して人に見せない人々のこと。あのような無信心ものどもには、われら（アッラーの自称）が屈辱的な罰を用意しておいた。それからまた、他人に見せびらかすために金を使い、自分ではアッラーも信じなければ最後の日も信じないような者どもも同じこと。シャイターン（サタン）を仲間にしている者があるが、まことに悪い者を仲間にしたというもの。アッラーと最後の日を信じ、アッラーが恵んで下さったものを幾分か喜捨するくらいのことで一体、何が損だというのであろう。彼らのことはアッラーはすっかり御存知じゃ。

（四章・四三節）

このように喜捨はムスリムの重要な義務なのである。カイロの道端で物乞いをしているムスリムは、「ハーガ・リッラー（アッラーにものを返してください）」と語りかけてくるという（久山宗彦、ムハンマド・エッサト・A・ムスタファ共著『イスラム教徒とキリスト教徒の対話』七六頁、北樹出版、二〇〇一年）。すべてわれわれは神からの恵みによって生きているのであるから、イスラーム圏の乞食は、お前のために喜捨という義務を果たさせているのだと言わんばかりの、横柄ぶりである。

さらに、コーランによれば、利息を取ることも許されないことである。

利息を喰らう人々は、（復活の日）すっと立ち上がることもできず、せいぜいシャイターン（サタン）の一撃をくらって倒された者のような（情けない）立ち上がり方しかしないであろう。それというのも、この人々は「なあに商売も結局は利息を取るようなもの」という考えで（やっている）。アッラーは商売はお許しになった。だが利息取りは禁じ給うた。神様からお小言を頂戴しておとなしくそんなこと（利子を取ること）をやめるなら、まあ、それまでに儲けた分だけは見のがしてもやろうし、ともかくアッラーは悪くはなさるまい。だがまた逆戻りなどするようなら、それこそ地獄の劫火の住人となって、永遠に出してはいただけまいぞ。（二章・二七六節）

ところで、喜捨を受けられる人とは、コーランによれば、

（集まった）喜捨の用途は、まず貧者に困窮者、それを徴収して回る人、心を協調させた人（はじめからの信徒でなく、後になって回教に入ってきた人たちにたいしては、「心を協調させる」ためと称して一種の慰撫政策として金を使ったのである。喜捨の一部をそれに当てた）、奴隷の見受け、負債で困っている人、それにアッラーの道（回教の伝播活動）、旅人、これだけに限る。これはアッラーのおとり決め。アッラーは明敏、全知におわします。（九章・六〇節）

ということである。「貧者」とは生活に困るほどではなく、だからといって満ち足りるほどの余裕もない者のことである。「困窮者」とは食べるものにこと欠き、物乞いをあえて

行わなければならない者である。「喜捨を徴収して回る者」とは、この仕事をしている間だけ、貧者と同等に見なされ、喜捨を受けることができる。その代わり、富める者からは金、銀、家畜など厳格に徴収する義務がある。「心を協調させた人」とは、他宗教や無宗教からイスラームの宗教に帰依した人のことで、入信したことで生ずる経済的損失を一時的に保証するため、喜捨が受けられる。「負債で困っている人」とは、金銭や家財だけでなく、子どもやその他が抵当になって身代わりに働かされている場合がある。喜捨を受けることによって、このような負債から解き放たれ、自由になる。「アッラーの道」とは兵士や義勇兵などを指すが、現在では布教活動に従事する者、病院、孤児院、教育研究機関、図書館、モスク、イスラームの諸団体で働く者、なども含まれている。「旅人」は故郷を遠く離れ、路銀などを喜捨に仰がねばならない者のことである。

喜捨として差し出す額は、供出する金品によって異なるが、それぞれ一定の比率が定められている。黒田寿郎編『イスラーム辞典』によれば、金銭の場合は最低二・五%、穀物や果実の場合は出来高に合わせて五〜一〇%、家畜は種類に応じて特別な算定方法があるということである。徴収された喜捨は、一種の「救貧税」であるから、政府が勝手に配分することはできず、前述のコーランの定めに従って配分されるという。

五行の最後は巡礼（ハッジ）である。コーランには、メッカ巡礼がいずれの月（に行われる）かは汝らの知っての通り。それらの（月）の間に巡礼の務めを果たそうとする者は、女に触れるな、放蕩するな、そして巡礼中に喧嘩をするな。汝らのする善行はことごとくアッラーの御存知であるぞ。（巡礼の旅にそなえて）充分に食糧をたくわえよ。して最上のたくわえは敬神の心としれ。このわし（アッラーの自称）を畏れうやまえよ、これ、汝ら、心ある者よ。

（二章・一九三節）

とある。巡礼はイスラーム暦十二月の八日から十日にかけて、決められた方式と道筋に従ってカアバ神殿にお参りするのである。このカアバ神殿は、コーランによると、「人々のために建てられた最初の聖殿」（三章・九〇節）であり、また「生きとし生けるものの祝福の場所として、また導きとして（建てられた）もの」（三章・九〇節）なのである。

……誰でも（罪人でも）一たんこの（聖域）に踏込んでしまえば絶対安全が保証される。そして誰でもこの聖殿に巡礼することは、人間としてアッラーに対する（神聖な）義務であるぞ。といっても信仰なきやからは（この義務を果たしはしなかろうけれど）、元来アッラーは完全自足、誰からも何もして貰う必要はない。

（三章・九一～九二節）

それから巡礼は決められた方式によると言ったが、別にコーランに決められているわけではなくて、六三二年、ムハンマドが自分の死期を悟ったとき、自らメッカへの巡礼を呼びかけ、巡礼のための白衣をまとってメディナを出たときの「別離の巡礼」が、前例となり、巡礼の決められた方式として、現在まで継承されている。また任意のときに個人で行うカアバ参詣はウムラと言い、ハッジと区別される。

『イスラーム辞典』によれば、巡礼者はイフラーム（巡礼着）と言われる縫い目のない二枚の白布をまとい、巡礼月七日までにメッカに到着し、八日にカアバ神殿を七回まわる（タワーフ）。そしてサファーとナルワの丘の間を駆け足で三往復半する（サアイ）。その夜または九日の夜明けとともに、メッカから二十一キロ離れたアラファートの野に向かい、そこで集合して全員が正午と午後の礼拝を行う。そして日没とともにムズダリファートへ赴き、日没後の礼拝と夜の礼拝を行って、そこでキャンプをし一夜を過ごす。翌九日はメッカからアラファートへ向かう途中にあるミナーに引き返して、悪魔を象徴するジャムラという三つある石標の一つに投石をする。その後家畜を犠牲として屠り、犠牲祭を行う。ここで言う犠牲とは罪の償いとか神の怒りをしずめるための犠牲ではなく、自分の欲望を犠牲にして、神に帰依するという意味をもつ。十日の犠牲祭の後、巡礼者は髭を剃り、髪を切る。巡礼者はミナーに二、三日留まって祈りを捧げ、十二日、三日目の投石を行う。十三日までにすべての儀式は修了するが、メッカを離れるときには、二回目のタワーフとサアイを行わなければならないことになっている。巡礼者たちは前にウムラをして、ハッジを待つ人たちや、ハッジをした後もウムラをする人たちもいるという（八五頁）。

ムスリムにとって重要な巡礼（ハッジ）は、一生に一度は最低行われねばならないムスリムの義務である。しかしながら、白いイフラームをまとった人たちが、肌の色、人種、国籍、言語の違いを超越して、同じ時に同じ場所に集まって、同じ行動を取ったということは、大きな慶びであり、生涯忘れることのできないこととして、ムスリムたちは語り合っている。

二　ユダヤ教徒とキリスト教徒の場合

ユダヤ教徒はモーセが神と結んだ契約による戒律を絶対遵守することが、日常生活の規範となっている。すでに述べたように、ユダヤ教の戒律の基本となっているのは、シナイ山において神からモーセに与えられた十戒であるが、その他、モーセ五書から六一三の戒律が選び出され、さらに『タルムード』全二十巻、千二百頁、二百五十万語におよぶ注釈や補則を加えると、遵守すべき戒律は政治から生活全般に至るまで、複雑多義にわたっている。

またユダヤ教には、キリスト教と違って、現実に伝道ということが行われてはいない。ユダヤ民族になることがユダヤ教徒になるということであるから、誰でも割礼を受けて、安息日を守り、律法を遵守する生活をすれば、ユダヤ民族であり、ユダヤ教徒であるということのようである。自分の意志で、勝手気ままな生活をしている者から見れば、律法を守る生活はさぞ辛かろうと思うのであるが、律法を守ることが習慣になれば、歯をくいしばるような悲壮感はないらしい。むしろ彼らの律法を守る日常の生活が、周りの人たち、特にキリスト教徒と異なることが原因で、キリスト教徒に疎外されてきた苦《にが》い歴史を彼らは持っている。

ところで、律法において決められているからということで、心に伴わないことでも、守らなければならないということもあるのではないだろうか。そのことについて、石川耕一郎氏とひろさちや氏の対談が参考になるであろう。

石川　「ルカによる福音書」の十章ですね。

「ある人がエルサレムからエリコへ下って行く途中、追いはぎに襲われた。追いはぎはその人の服をはぎ取り、殴りつけ、半殺しにしたまま立ちさった。……」

（『ルカによる福音書』一〇章・三〇節）

このあとに、いろいろな人が通りますが誰がこの人を助けたのかという話です。

ひろ　最初はだれが通ったのですか。
石川　祭司です。彼はケガ人を見て、道の向こう側を通って行きます。
ひろ　でも、祭司がそうしたのは、自分の影が血を流している人や死人に触れると、汚れるからでしょう。
石川　ええ、そのとおりです。だから、祭司はその人を見て見ぬふりをしたのではなくて、汚れると祭儀ができなくなるからという、宗教上の理由からだったんです。
ひろ　……それから次に通ったのは？
石川　レビ人です。これも祭司の補助役ですから、同じように汚れをきらいます。
ひろ　それで、最後にサマリア人ですか。サマリア人というのもユダヤ人なんでしょう。
石川　そうです。ただユダヤの地に住むユダヤ人とは犬猿の仲で、ある意味では軽蔑されていましたね。サマリア人はユダヤ人と異邦人の混血だということからです。
ひろ　ところが、そのサマリア人がケガ人を救うんですね。ふだんは軽蔑されているサマリア人が、じつは神の心に忠実で、律法に忠実な人は、じつは神の心を踏みにじっているのではないか。これがイエスのメッセージでしょうね。

石川　サマリア人こそ、「トーラー」に出てくる律法に、ほんとうの意味で忠実に生きていることになります。

ひろ　外なる律法と内なる律法、ということがあると思うのですが、ユダヤ人が守っているのは、外なる律法で、形式的な律法です。それにたいして、イエスは内なる律法、つまり心の律法を説いているとおもうのです。「姦淫するなかれ」といいますが、行いだけでなく、心の中でも姦淫をしてはいけないんだ、というのがイエスのメッセージではないでしょうか。

（『ひろさちやが聞くユダヤ教の聖典』二二九〜二三一頁）

ひろさちや氏の言う外なる律法と内なる律法ということで言うと、ユダヤ人の守っているのは外なる律法、形式的な律法であるのだから、極端な言い方をすれば、ユダヤ人は律法を守っておればよいのだという言い方もできるのである。しかしながら、あまりにも律法という形にとらわれた考え方になってしまうと、例えば、安息日におけるシナゴーグでの礼拝のときに、オルガン奏者を異教徒にさせれば、律法を破ることにはならないという考え方（安息日の異邦人）になってしまって、小賢しい人間の知恵が神の心を踏みにじることになる危険性が生じることになる。

ひろさちや氏との対談で石川耕一郎氏が言うのには、ユダヤ教徒は外なる律法を守るために、人間の知恵でもって律法をいじくりまわしたので、「奇蹟はおこらなくなるんです」と言い、ひろさちや氏も、「イエスが批判したのは、人間の知恵で神の意志を推し量るという、ユダヤ教に現れた傲慢さでしょうね」(同、二三六頁)と言っているが、そういうことになるのであろう。なぜなら、『ヨブ記』に書かれているヨブのことを思い出すからである。

『ヨブ記』によると、

ウズの地にヨブという名の人があった。そのひととなりは全く、かつ正しく、神を恐れ、悪に遠ざかった。

(『ヨブ記』一章・一節)

「全く」とは神を信頼する敬虔な人柄を意味する。「正しく」とは曲がったことをしない、まっすぐな態度のことであり、「神を恐れ」とは神を信じ、神がいつも見ておられることをおぼえて生活していることを意味し、「悪に遠ざかった」とは、そのような信仰の結果、当然悪から遠ざかることになるということである。そのようなヨブのことを、神はサタンに自慢したところ、サタンは、

しかし今あなたの手を伸べて、彼のすべての所有物を撃ってごらんなさい。彼は必ずあなたの顔に向かって、あなたをのろうでしょう。

(同、一章・一一節)

と言ったので、「彼の所有物をあなたの手にまかせる。ただ彼の身に手をつけてはならない」（同、一章・一二節）という条件で、神はヨブをサタンに渡したのであった。サタンというのは人間の弱点や欠点を摘発し、それらを暴くことを任務とする天使で、神の使者でもある。

ヨブはサタンによって所有物はすべて取り上げられ、さらに腫れ物でもって悩まされることになる。かくして、ヨブは、

わたしは裸で母の胎を出た。
また裸でかしこに帰ろう。
主が与え、主が取られたのだ。
主のみ名はほむべきかな。（同、一章・二〇節）

と言うのであったが、決して神を呪うことはなかった。見舞いに来た三人の友だちからは悔い改めを激しく迫られるので、ついに、

あなたがたは偽りをもってうわべを繕う者、皆、無用の医師だ。（同、一三章・四節）

と言い、彼らと対話を続けることをこばんで、直接、

わたしは神と論ずることを望む。（同、一三章・三節）

と言うのであった。ヨブにしてみれば、あまりの苦しみのために、

わたしのよこしまと、わたしの罪がどれほどあるか。
わたしのとがと罪とをわたしに知らせてください。
なにゆえ、あなたはみ顔をかくし、
わたしをあなたの敵とされるのか。
(同、一三章・二三～二四節)

と神に問いかけるのである。ところがその答えは得られなかった。それどころか、つむじ風の中からヨブに答えられた神の言葉は、ヨブの期待に反して、

無知の言葉をもって、
神の計りごとを暗くする者はだれか。

と言うのであった。「神の計りごとを暗くする者」とは、「人間の知恵でもって、神の意志を推し量ろうとする傲慢なヨブ」ということである。親鸞の教えにおいて言えば、「ただ念仏」だけで救われるのに、「ただ念仏」ということに疑いを持っている人たち、例えば、『歎異抄』の第二章に述べられている関東から「十余か国のさかいをこえて、身命《しんみょう》をかえりみずして、たずねき」たご門徒の人たちも、「人間の知恵でもって、阿弥陀如来の意志を推し量ろうとする傲慢なひとたち」と同じ人たちであると、『ヨブ記』を読んで思うのである。もちろん、「傲慢」という言葉は『歎異抄』にはないけれども、『ヨブ記』からは「神の計りごとを暗くする者」だからである。

しかしながら、前述のように、そのような疑いを持つということは、ユダヤ教では大切なことなのである。親鸞はただ「よきひとのおおせをかぶりて信ずるほかに別の子細なきなり」と答え、このうえは念仏を取るも捨てるも「面々の御はからいなり」で、どうぞお好きなようにしてくださいと言ったのであるが、そのような親鸞の態度は、絶対的な意志というものを持っている聖書の神と似ているところである。念仏にはそのような毅然としたものがあるのである。

宗教には、たしかに律法とか戒律とかがつきものである。しかしながら、キリスト教の場合は、ユダヤ教と同じ唯一絶対なる神から受け取った律法と、その神との間で結ばれた契約を母体としながらも、律法とそれに基づく契約の実践に必ずしも固執しないというところがユダヤ教と違う点である。パウロもかつてはユダヤ教徒として、神から与えられた契約としての律法をどこまでも守り通そうとし、「律法に関しては落ち度のない者」（『ピリピ人への手紙』三章・六節）という自負があった人である。そういう点で考えれば、パウロはヨブと似ていると言えるであろう。しかしながら、パウロは「ダマスコの回心」のとき、神の目から見た場合に、はたして自分は忠実に律法を守っている人間であると言いきることができるかどうか疑問になり、

……わたしは自分のしていることが、わからない。なぜなら、わたしは自分の欲する

事は行わず、かえって自分の憎む事をしているからである。もし、自分の欲しない事をしているとすれば、わたしは律法が良いものであることを承認していることになる。そこで、この事をしているのは、もはやわたしではなく、わたしの内に宿っている罪である。わたしの内に、すなわち、わたしの肉の内には、善なるものが宿っていないことを、わたしは知っている。なぜなら、善をしようとする意志は、自分にあるが、それをする力がないからである。すなわち、わたしの欲している善はしないで、欲していない悪は、これを行っている。

（『ローマ人への手紙』七章・一五〜一九節）

と言って、自分は「罪人の最たる者」と言うようになるのだが、ここのところが「神を恐れ、悪に遠ざかった」というヨブと違う点である。神の目からすれば、ヨブのみならずユダヤ教徒は、『モーセの五書』を信じておればいいのに、『タルムード』などの解説書や注釈書などを作って「神の計りごとを暗く」している者に見えるのではなかろうか。しかもパウロは、

……わたしは、なんというみじめな人間なのだろう。だれが、この死のからだから、わたしを救ってくれるだろうか。わたしたちの主イエス・キリストによって、神は感謝すべきかな。このようにして、わたし自身は、心では神の律法に仕えているが、肉では罪の律法に仕えているのである。

（『ローマ人への手紙』七章・二四〜二五節）

と言い、やがてパウロは、律法を守って義となるのではなくて、信仰によって義となることを説くようになったのであった（『ローマ人への手紙』六章・二八節）。したがって、ユダヤ教徒にとっては、神との契約を定めた律法を遵守するということは、パウロの例を見ても、容易なことではなさそうである。

キリスト教ではまた、イエスを人類の罪を贖うキリスト（救世主）であり、神の子であるとするが、このことについては、『ミカ書』や『イザヤ書』にすでに予見されているとキリスト教徒は言うのである。

今あなたは壁でとりまかれている。
敵はわれわれを攻め囲み、
つえをもってイスラエルのつかさのほおを撃つ。
しかしベツレヘムエフラタよ、
あなたはユダの氏族のうちで小さい者だが、
イスラエルを治める者があなたのうちから
わたしのために出る。
その出るものは昔から、いにしえの日からである。
それゆえ、産婦の産みおとす時まで、

主は彼らを渡しおかれる。
その後その兄弟たちの残れる者は
イスラエルの子らのもとに帰る。
（『ミカ書』五章・一〜三節）

あなたがたは、さきに受けた恥にかえて、
二倍の贈り物を受け、
はずかしめにかえて、その嗣業《しぎょう》を得て楽しむ。
それゆえ、あなたがたはその地にあって、
二倍の贈り物を獲《え》、
とこしえの喜びを得る。
（『イザヤ書』六一章・七節）

このように、ひとつの村とそこに生まれる子どものことについて述べられてあり、また「とこしえの喜びを得る」と書かれてあるから、イエスは神から遣わされた子であり、神の意志を反映して奇跡と救済を行う救世主であることに間違いはないと、キリスト教徒は信ずるのである。

またユダヤ教と際だって異なるところとしては、個々の信仰者に現れる神の化身的存在、あるいは神の霊としての聖霊を、キリスト教では認めている点である。

このようにユダヤ教とキリスト教とを比べてみると、律法にがんじがらめになっているのがユダヤ教徒であり、神、イエス・キリスト、そして聖霊を信じ、ユダヤ教の律法にいわば背くことによって、律法から解放されるというのがキリスト教であると言えるであろう。

戒律については、仏教でも出家した比丘、比丘尼が守らなければならない戒律が、釈迦によって課せられたのであった。その戒律を守ることにこだわったのが、小乗と言われた人たちである。

小乗の仏教徒（出家者）には、外なる律法を守るユダヤ教徒と、共通したところが多い。例えば、ユダヤ教徒は、すでに述べたように、安息日に自らの手で律法を破らないために、安息日の異邦人と呼ばれるキリスト教徒などの異教徒に頼んで、仕事をやってもらうという発想がある。小乗の出家者にも、戒律を破らないために、例えば、果物を木からもいでもらうとか、果物に傷をつけないために食べられるようにしてもらうとか、けっこう在家の人にやってもらって、戒律を破らないですまそうとする発想があると、ひろさちや氏は言う（『ひろさちやが聞くユダヤ教の聖典』二一六頁）。

このような小乗の出家者の発想は、外なる律法を守る生き方であると言えるのに対して、大乗と言われる仏教徒たちは、釈迦がどうして、何のために、戒律を決めたのかという、いわば、戒律の持つ精神的な意味を考え、そのことを問題にする人たちである。大乗仏教徒は、律法よりもキリストの福音を信じるキリスト教徒と似ているところがあるのではなかろうか。

三　真宗門徒の場合

仏教徒である以上、守るべき共通の律法とでも言うべきものがある。それは、「三帰依文」である。

Buddham《ブッダン》 saranam《サラナン》 gacchami《ガッチャーミ》
Dhammam《ダンマン》 saranam《サラナン》 gacchami《ガッチャーミ》
Samgham《サンガン》 saranam《サラナン》 gacchami《ガッチャーミ》

これは世界中の仏教徒が称えているパーリ語による三帰依文である。日本人の場合、パーリ語ばかりでなく、

自ら仏に帰依したてまつる　自ら法に帰依したてまつる　自ら僧に帰依したてまつる

と和訳した三帰依文を唱えることもある。これは仏教徒としての心構えであり、外なる律法と言うべきものかもしれない。

親鸞の教えは在家仏教の教えであるので、親鸞の教えに従う真宗門徒には、外なる律法というような、形や文字で示した戒律はない。おそらくあるとすれば、この三帰依文だけであろう。しかしながら、この三帰依文は、事細かに規定した戒律ではなく、むしろ仏教徒としての心構えを表したものである。しかもこの三帰依文は世界の仏教徒が手を取って歩んで行こうということで唱えられるようになったものであるから、親鸞の時代にはなかったはずである。親鸞自身は『愚禿悲嘆述懐』和讃の中で、

悪性《あくしょう》さらにやめがたし
　こころは蛇蝎《じゃかつ》のごとくなり
　修善《しゅぜん》も雑毒《ぞうどく》なるゆえに
　虚仮《こけ》の行とぞなづけたる
（聖典・九〇八頁）

と言っている。親鸞は自分の内面を見てみると、恐ろしい蛇や蝎のような心を持っている自分だと告白し、比叡山で五戒、十戒、円頓戒などの修行をしたことを思い出したのか、「虚仮の行」と言って、修行しているフリをしているだけと言うのであるから、戒律を守ることはもとより、善根功徳を積むなどということもとうていできる親鸞ではなかったのである。また僧としての戒律を守らねばならないのに、愛欲に悩まされ続けた親鸞は、六角堂の夢のお告げによって、法然に会うことになるのだが、法然から、

現世をすごすには念仏を唱えられるようにせよ。念仏の妨げとなるものはすべていとい捨ててやめるべきである。聖であって念仏ができないならば妻帯して念仏せよ。妻帯したために念仏ができないというならば、聖になって申せ。

(『真宗聖教全書』四、『和語燈録』巻五)

という言葉を聞いて、それこそ「天におどり地におどるほどによろこぶ」親鸞であったと想像される。しかしながら、そのような喜びの反面、いまだ「生死出ずべき道」も見出せぬ煩悩具足の凡夫と深く自覚した親鸞であったと考える。それゆえに、親鸞は「百か日、降るにも照るにも」法然のもとに通ったのである。親鸞の『教行信証』の『信巻』に、

誠に知りぬ。悲しきかな、愚禿鸞《ぐとくらん》、愛欲の広海に沈没《ちんもつ》し、名利《みょうり》の太山《たいせん》に迷惑して、定聚《じょうじゅ》の数に入ることを喜ばず、真証の証に近づくことを快《たの》しまざることを、恥ずべし、傷《いた》むべし。

(聖典・二五一頁)

という親鸞自身の告白がある。これは親鸞の懺悔の言葉と受け取られるが、しかし親鸞の懺悔の言葉だけではなくて、師法然の「ただ念仏せよ」という教えによって、「念仏による罪からの自由」という親鸞の歓びも、この懺悔の言葉に潜んでいる。それはちょうどパウロが、

……わたしは、なんというみじめな人間なのだろう。だれが、この死のからだから、

わたしを救ってくれるだろうか。わたしたちの主イエス・キリストによって、神は感謝すべきかな。

（『ローマ人への手紙』七章・二四〜二五節）

と言って、信仰によって義とされることが神によって認められるという喜びと感謝を述べている、みじめなパウロと同じである。親鸞のこの懺悔の言葉は、念仏の智慧によって煩悩具足の凡夫と知らされたみじめなまま、光明の世界におのずから転生している（あるいは復活している）自分を発見した親鸞であったことを示している。したがって親鸞には、こうせよ、こうしなければならないという言葉はなく、師法然と同じように、「ただ念仏して弥陀に救われ」（聖典・六二六頁）ることを人々に説いたのであった。

したがって念仏は「愛欲の広海に沈没《ちんもつ》し、名利《みょうり》の太山《たいせん》に迷惑して」いる自分、あるいは「蛇蝎のごとくなる心」がうごめいている自分というものを発見させる智慧であるから、念仏の智慧が親鸞をして阿弥陀如来にイスラーム（帰命）させたことにほかならないとも言えるであろう。あるいは空《くう》（または如）のはたらきである阿弥陀如来の念仏申せという勧めによって、親鸞は丸裸になってしまったとも言えよう。丸裸になるということは、「いずれの行もおよびがたき身」であるということに気がついたということである。すなわち、阿弥陀如来にイスラーム（帰命）することは阿弥陀如来に無条件降伏することであるから、帰命することは裸になることであり、「いずれの行もおよびがたき」愚者になる

ということである。法然は、

浄土宗の人は愚者になりて往生す。　(聖典・六〇三頁)

と言っている。面白いことに、モンテニューも同じことを言っている。

われわれは、賢明になるためにはまず馬鹿にならなければならない。自分を導くためにはまず盲目にならなければならない。　(『随想録』II)

モンテニューのこの言葉は、人間は患者にならなければ救われないということである。「盲目になる」ということは「善悪とか正不正という二元論的分別を捨てる」ということである。それが、モンテニューに言わせれば、本当の賢者だと言うのである。さらにパウロの言葉を引用しよう。

十字架の言葉は、滅び行く者には愚かであるが、救いにあずかるわたしたちには、神の力である。すなわち、聖書は

「わたしは知者の智恵を滅ぼし、

賢い者の賢さをむなしいものにする」

と書いてある。知者はどこにいるか。学者はどこにいるか。神はこの世の智恵を、愚かにされたではないか。この世は、自分の智恵によって神を認めるに至らなかった。それは神の智恵にかなっている。そこで神は、宣教の愚かさによって、信じる者を救

うこととされたのである。

（『コリント人への第一の手紙』一章・一八〜二一節）

「滅び行く者」とは神を信じない人のことであり、そのような人は「自分の智恵によって神を認めるに至らな」い人とパウロは言うのである。神を信じない人は、宣教ということは愚かなことであると考えて、この世の智恵、すなわち人間の知恵でもって神を考えたり、救われる道を探したりすべきだと思っている。「神は、宣教の愚かさによって、信じる者を救う」とは、神の教えを聞くということである。親鸞も、

きくというは、本願をききてうたがうこころなきを「聞《もん》」というなり。また、きくというは信心をあらわす御《み》のりなり。

（聖典・五三四頁）

と言っている。パウロも親鸞もともに、聞より信へということを教えていると見るべきであろう。

ところで、「いずれの行もおよびがたき身」であるとつくづく思うということは、自分自身が愚者になり、丸裸になったときであるから、そのとき帰命ということが可能となる。親鸞は『教行信証』の『行巻』で、帰命を以下のように分析的に説明している。

しかれば、「南無」の言《ごん》は帰命なり。「帰」の言は、至なり、また帰説《きえつ》（よりたのむなり）なり。説《せつ》の字、悦《えつ》の音《こえ》、また帰説《きさい》（よりかかるなり）なり、説《せつ》の字は税《さい》の音《こえ》、悦税《えつさい》二つの音は告《つ》ぐるなり、述《のぶ》なり、人の意《こころ》を宣述《のぶ》るなり。「命」の言は、業《ごう》なり、招引《まねくひく》

なり、使なり、教なり、道なり、信なり、計《はからう》なり、召《めす》なり。ここをもって、「帰命」は本願招喚《しょうかん》の勅命なり。　(聖典・一七七頁)

「「帰」の言は、至なり」というのは、真実が至り届くということである。例えば、走って息が切れて、はぁ、はぁと口で息をしながら、「おれも歳をとったもんだなあ」と、つくづく感じて述べた(「人の意《こころ》を宣述《のぶ》るなり」)としたら、真実が至り届いたということであるから、「述《のぶ》なり」ということになる。

また帰説《きえつ》と帰説《きさい》を、「よりたのむなり」、「よりかかるなり」と親鸞は読んでいる。これは「本当でないものによりかかっていたなあ、よりたのんでいたなあ」ということに気がついたということである。例えば、「お金によりかかり、たのんでいたなあ」ということに気がつけば、「真実が至り届いた」ということである。

また、「「命」の言は、業なり」ということは、「業」ははたらきの意味であるから、「わたしが真実に目を覚ますよう準備がなされていた」、「用意されていた」、「そのようにはかられていた」ということである。つまり、真実に目を覚まさせようという願いがあったのだということである。

かくして「「帰命」は本願招喚の勅命なり」とあるが、これは「真実(如)があたかも啓示宗教の絶対者の命令のごとく、阿弥陀如来となってわたしの心に至り届く」というこ

とである。浅原才市は、

きいたと思うじゃない
きいたじゃのおて
こころにあたる
なむあみだぶつ

と言っている。真宗では聞法ということを大事にするが、ただ聞くだけではだめなのであって、「こころにあたる」聞き方、「心にあたって、いずれの行もおよびがたき身である」と気がつく聞き方でなければならないと才市は教えてくれている。

真実（如）がどうしても目を覚まさせずにはおかないという阿弥陀如来の願いとして（それは如が行としてはたらきだしたのであるから）、私の心に至り届いたときは、「いずれの行もおよびがたき身」であるという、丸裸になった自分が誕生しているのである。それが復活ということなのであろう。そのとき私たちは、「ありがとう」という感謝の気持ちと、「申し訳ない」「すまぬ」という懺悔の心とが、相容れぬ二つが二つのまま、一つになって「南無阿弥陀仏」という念仏の声になるのである。

法然も親鸞もただ「念仏せよ」と言うのは、念仏によって真実（如）が胸に至り届くとき、念仏を称える声は自分の声であるけれども、その声は阿弥陀如来の声となって、真実ならざるものによりかかり、よりたのんでいる自分に目覚めよ、気がつけよという願いがかけられていることに気がつくからであって、そのとき思わず、有り難い、申し訳ないと、手を合わせる自分がそこに見出されてくる。真実に目覚めたときの自分は、真実ならざるものを頼んでいたときの自分とは違う自分であることは言うまでもない。ただ「念仏せよ」とはそういうことなのである。

結語

「信ずる」ということは、宗教である以上は、どのような宗教でも言うことであるので、信仰の具体的行為ということで、信仰（または信心）ということを考察してみた。ユダヤ教やイスラームの宗教では、生活のうえで具体的に『律法』や『タルムード』、あるいは『コーラン』を遵守するということが義であるというのに対して、キリスト教では律法よりもイエス・キリストの福音を信じ、キリストが神の子であることを信ずることが義であるという両者の違いがある。真宗においては、親鸞自身が戒律を守って修行することを「虚仮の行」と言っているので、ユダヤ教やイスラームの宗教とは本質的に異なるところである。

　またキリスト教と真宗とについては、以前から両者の比較研究が行われているのだが、筆者の考えでは、「信ずる」というところが、パウロの信仰と親鸞の信心とが似ていると言える。すなわちそれを具体的に言えば、真宗で言う「二種深信《にしゅじんしん》」、すなわち「機《き》の深信」と「法《ほう》の深信」というところにおいてである。すでに述べた『ローマ人への手紙』の七章・二四〜二五章にかけての、パウロが「わたしは、なんというみじめな人間なのだろう」というところが「機の深信」であり、私を救ってくれるのは「わたしたちの主、イエス・キリストによって、神は感謝すべきかな」が「法の深信」に相当すると考える。この「二種深信」は中国の善導大師の『散善義』にある言葉で、親鸞はその『教行信証』の『信巻』にその言葉を引用しているし、「信仰の具体的行為」ということから親鸞の信心を考えるとき、例えば、『信巻』にある、

　誠に知りぬ。悲しきかな、愚禿鸞《ぐとくらん》、愛欲の広海に沈没《ちんもつ》し、名利《みょうり》の太山《たいせん》に迷惑して、定聚《じょうじゅ》の数に入ることを喜ばず、真証の証に近づくことを快《たの》しまざることを、恥ずべし、傷《いた》むべし。（聖典・二五一頁）

という言葉などは、まさしく善導の「二種深信」を現している言葉で、パウロと同じような告白になっている。したがって、真宗では「二種深信」が信心の、いわば、基準にいつの間にか考えられている。

ところで『教行信証』に引用されている善導大師の言葉は次の通りである。

「深心《じんしん》」と言うは、すなわちこれ深信の心なり。また二種あり。ひとつには決定《けつじょう》して深く、「自身は現にこれ罪悪生死の凡夫、曠劫《こうごう》より已来《このかた》、常に没《もつ》し常に流転して、出《しゅつ》離《り》の縁あることなし」と信ず。二つには決定して深く、「かの阿弥陀仏の四十八願は衆生を摂受して、疑いなく慮《おもんぱか》りなくかの願力に乗じて、定んで往生を得」と信ず。

（聖典・二一五〜二一六頁）

前者を「機の深信」、後者を「法の深信」と言うのだが、「機の深信」というのは、自分自身「出離の縁あることなし」ということで、親鸞の言葉で言えば、「悲しきかな、愚禿《ぐとく》鸞《らん》、愛欲の広海に沈没《ちんもつ》し、名利《みょうり》の太山《たいせん》に迷惑して、定聚《じょうじゅ》の数に入ることを喜ばず、真証の証に近づくことを快《たの》しまざることを」という、「地獄一定」の自分であるという「悲しい自分を深く信ずる」ことである。

「法の深信」というのは、そのような助かるはずのない、あさましい凡夫であるからこそ、救わなければならないというのが阿弥陀如来の本願であるのだから、「この願力に乗託すれば必ず救われるということを深く信ずる」ということである。「恥ずべし、傷むべし」という親鸞の言葉に「法の深信」が表されている。

しかしながら、二種深信と言っても、「機の深信」と「法の深信」の二種類が別々にあるというのではなく、この二つの深信が二つにして一つ、一つにして二つという、いわば、「不一不異」の関係にある。このように絶対に救われるはずのない者が、絶対に救われるという、いわば、相反する二面が一枚の紙の裏表になっているというのが親鸞の信心である。

したがって、「絶対矛盾的自己同一」という言葉があるが、その言葉がそのまま真宗門徒の信心に当てはまると言ってよいであろう。真宗における妙好人といわれる人たちは、皆、このような信心を持っている人たちである。例えば、菅真義師の著書『有福の善太郎』(百華苑、昭和五十五年)から、妙好人善太郎の話の一部を引用しよう。

真夏の暑いある日、善太郎さんは二キロもある志布（しぶ）山へ出かけて、終日木をきり、夕方重い夕キギを背負って帰ってきた。どうしたことかその日にかぎって、女房のトヨの姿がみえない。二口三口よんでみたが返事がない。行水の湯もわいておらず、夕食のしたくもできていなかった。そこへトヨがどこからか帰ってきた。終日の暑さと重労働の疲れが、この女房に向けられた。

「どこい行っとった。湯はわかしとるんか」

「いまからわかしますよ」

「一日中なにをしとった。また近所でつまらんことをしゃべっとったんだろう」

「わたしだって毎日あそんでばかりおりゃしませんよ」

「なにっ」

善太郎のカンシャク玉は破裂した。

「おのれ！」と手もとにあった割り木をとって振りあげた。トヨは逃げまわった。そのあとを追っかける。ついに庭の隅においやられてトヨは逃げ場を失い、小さくうずくまった。割り木が女房の頭上に落ちかかる。その一刹那、善太郎は如来の呼びかけを聞いた。

「おウッ！」嗚咽とともに口からふきだしたのはほとけのみ名であった。

「トヨ！」と一声いいのこし、泥足のままで仏壇にきた。お灯明は点じられ、手にもった割り木は如来の前に供えられた。

「ああ、善太が出ました、善太の地性が出ました。ナマンダブ、ナマンダブ」

泣きながらのお念仏であった。

　善太郎さんには「地獄行きの悪太郎」の自覚があった。それは慚愧するよりほかない地性なのであった。しかしみほとけの大悲が、善太郎の口より念仏をふきあげさせた時、この地性を手がかりとして、慚愧はよろこびにかわったのである。不思議というよりいいようのない、慚愧と歓喜の劇的な交錯、それは私の想像をはるかにこえる

ものであったろうか。（三七〜三八頁）

浅原才市も、

あさましの慚愧も胸にある

ありがたの歓喜も胸にある

慚愧歓喜のなむあみだぶつ

とうたっている。したがって真宗における信心は、一口に言えば、「罪悪深重のこの身が仕合わせ」という自覚にあるとでも言えるであろう。自分は罪深い凡夫であると言うだけでは、真宗の信心にはならないし、ありがたい、ありがたい、仕合わせ者だ、でも信心にはならない。「悪いこの身」ということと「仕合わせ」とが二つが一つ、一つが二つ、つまり不一不異でなければならない。

このように二つが一つ、一つが二つと言うと、論理的におかしい、変だと言われるが、われわれ日本人は「ありがとう」とお礼を言うとき、時と場合によっては、「ありがとう」よりも、「すみませんね」とか、「申し訳ない」というような言葉を使って、お礼を言っている。「すみませんね」とか「申し訳ない」という言葉は、あやまるときに使うのだから、あやまるときの言葉でお礼を言うのは、確かに論理的におかしい。けれども、「すみません」「申し訳ない」という言葉に「ありがとう」という感謝のお礼を込めて、二にして一、一にして二という表現をとって言う方が、「ありがとう」という表現よりも深みが込められていると日本人は思っている。

真宗の信心においても、阿弥陀如来に対して「申し訳ない」「ありがたい」の、二にして一、一にして二の意味が南無阿弥陀仏の念仏となって、口から出てくるのである。この点を、信じるか、それとも信じないかという二者択一的な啓示宗教と真宗とを比較するとき、顕著な違いとして留意しておかなければならない。

第七章　現世と来世

一　イスラームの宗教の場合

イスラームの宗教においては、六信五行の六信の一つに、来世を信ずるという重要な項目があることはすでに述べた。

人間どもは現世の生活に有頂天になっている。だが現世の生活など、来世にくらべたら、ただつかの間の楽しみだ。　（一三章・二六節）

とコーランにある。したがって、本当にすばらしいものは何なのか。

人間の目には、さまざまな欲情の追求こそこよなく美しいことのように見えるもの。女だとか子供だとか、また積み上げられた金銀の山、立派な馬、家畜、それに田畑。

だがこのようなものはみな現世の楽しみにすぎぬ。本当に素晴らしい拠りどころはアッラーのお傍にだけある。言ってやるがよい「おい、そんなものよりはるかによいものがあるのを教えてやろうか。神を畏れかしこむ人々は、いまに神様のところで潺々《せんせん》と河川流れる楽園に入って戴いて、そこに永久に住みつき、清浄な妻（天上の処女妻、フーリーのこと）を幾人もあてがわれ、アッラーの特別の思し召しを頂戴する。アッラーは御自分の奴隷たち（信者を指す。神は主人、信徒は奴隷というセム的な考え方）のことは何から何まで見ていらっしゃるぞ」　（三章・一二節）

とコーランにあるように、本当にすばらしいことは来世に天国に生まれることなのである。それゆえ、

……敬神の念あつい人々にとっては、来世の住居《すみか》の方が（現世より）ずっと有り難い、お前たち、それがわからないのか。　（一二章・一〇九節）

とアッラーは言っているので、イスラームの宗教は現世よりも来世を重視する宗教であると言えよう。また戦いの義務を負わされて、

……こわがって「主よ、何故、我らに、戦いの義務を課し給う。せめてもう少しの間だけでも遅らせて戴けないものでございましょうか」などと言い出した。言ってやるがよい、「この世の享楽は些細《ささい》なもの。神を懼れかしこむ者にとっては来世こそ有り

難いもの。お前たち椰子糸一筋《ひとすじ》ほども不当な報いを受けることはあるまいよ」と。

（四章・七九節）

とはっきり、来世こそありがたいものと述べている。このことは、別な言い方をすれば、来世を強調することによって、逆に現世での生活を、謙虚さとか、思いやりとか、時には自己犠牲の心を持って、人間らしく生きることを、アッラーは教えているとも考えられる。つまりイスラームの宗教は、来世に至上価値を置くことによって、結果的には現世の生活にも来世と等しい価値を認める宗教であると言えるのではなかろうか。

二　ユダヤ教の場合

コーリン・マクダネルとバーンハード・ラング共著の『天国の歴史』（大熊昭信訳、大修館書店、一九九三年）によると、古代ユダヤ人の属するセム族の世界観は、宇宙を地上、天国、冥界の三層に分けている。

死者は最下層の冥界に住んでいて、いまだ地上の生にとらわれている親類縁者によって慰められる。最上層には天空の神々が座しており、死者や地上の神々とははっきりと区別されている。そして地上に――つまり上層の天国と下層の冥界との間に――

生きる人は、いずれその二つの　世界の住人を訪問して、地上での問題を解決してくれるよう助けを求めることもあるということだ。（一六頁）

ところが紀元前七二二年、アッシリアが北イスラエル王国を滅ぼした後、アッシリアに占領されずに残ったイスラエル、つまり南の小王国ユダヤでは、

　死者との交流が断固拒絶されている。死後の生を信じることは最小限に留められ、自分たちの先祖を敬うことなどしないよう求められている。死者がどうなるのかをあれこれ考えることさえはばかられているのだ。かわってユダヤの民族的神ヤハヴェばかりが崇拝されたのである。死者ではなく生者の神としてヤハヴェだけが、外国人の支配者を打倒する手だてを与えてくれるからである。冥界や天空の神々は、もはや宇宙のドラマでは重要な役者とは認められてはいない。かくして、ユダヤ人には全身全霊を捧げる従順と献身を要求する神ばかりが残ることになるのだ。（一六頁）

という。『申命記』には、

　あなた方はあなた方の神、主の子供である。死んだ人のために自分の身を傷つけてはならない。また額の髪をそってはならない。あなたはあなたの神、主の聖なる民だからである。主は地のおもてのすべての民のうちからあなたを選んで、自分の宝の民とされた。（一四章・一～二節）

とあるように、唯一の神ヤハヴェこそ崇拝されるべきものとなったのである。紀元前六二三年、ヨシュア王は「幽霊や（死者の）霊や、家の神々や偶像、その他諸々の忌しい事物を何から何まで廃棄した（『列王記・上』二三・二四「新英訳聖書」）」のであった。したがって、イスラエルの神学は現世的宗教の実践に焦点が置かれたから、例えば、『ヨブ記』のヨブは、サタンのために、死ぬような惨めな災難をこの世で被ったけれど、その結末は、

ヨブがその友人たちのために祈ったとき、主はヨブの繁栄をもとにかえし、そして主はヨブのすべての財産を二倍に増された。（四二章・一〇節）

とあるように、神はヨブの忍耐と篤信に対して、来世ではなくてこの世で「以前にも倍する」祝福を与えたのである。

ところが紀元前五八六年、バビロニアによってユダヤ王国が滅ぼされることによって、バビロニア捕囚の時代となる（以後ユダヤ人はペルシャ人、ギリシャ人、ローマ人の支配を受けることになる）。この捕囚の時代に活躍した預言者エゼキエルの一連の希望を伝える説教には、彼の幻視体験があったのである。それは次のような話である。

主の手がわたしに臨み、主はわたしを主の霊に満たして出ていかせ、谷の中にわたしを置かれた。そこには骨が満ちていた。彼はわたしに谷の周囲を行きめぐらせた。見よ、谷の面には、はなはだ多くの骨があり、皆いたく枯れていた。彼はわたしに言

われた、「人の子よ、これらの骨は、生き返ることができるのか」。わたしは答えた、「主なる神よ、あなたはご存じです」。彼はまたわたしに言われた、「これらの骨に預言して、言え。枯れた骨よ、主の言葉を聞け。主なる神はこれらの骨にこう言われる、見よ、わたしはあなたがたのうちに息を入れて、あなたがたを生かす。わたしはあなたがたの上に筋を与え、肉を生じさせ、皮でおおい、あなたがたのうちに息を与えて生かす。そこであなたがたはわたしが主であることを悟る」

わたしは命じられたように預言したが、わたしが預言した時、声があった。見よ、動く音があり、骨と骨が集まって相つらなった。わたしが見ていると、その上に筋ができ、肉が生じ、皮がこれをおおったが、息はその中になかった。時に彼はわたしに言われた、「人の子よ、息に預言せよ、息に預言して言え。主なる神はこう言われる、息よ、四方から吹いてきて、この殺された者たちの上に吹き、彼らを生かせ」。そこでわたしが命じられたように預言すると、息はこれにはいった。すると彼らは生き、その足で立ち、はなはだ大いなる群衆となった。

そこで彼はわたしに言われた、「人の子よ、これらの骨はイスラエルの全家である。見よ、彼らは言う、『われわれの骨は枯れ、われわれの望みは尽き、われわれは絶え果てる』と。それゆえ彼らに預言して言え。主なる神はこう言われる、わが民よ、見よ、わたしはあなたがたの墓を開き、あなたがたを墓からとりあげて、イスラエルの地にはいらせる。わが民よ、わたしがあなたがたの墓を開き、あなた方をその墓からとりあげる時、あなたがたは、わたしが主であることを悟る。わたしがわが霊を、あなたがたのうちに置いて、あなたがたを生かし、あなたがたをその地に安住させる時、あなたがたは、主なるわたしがこれを言い、これをおこなったことを悟ると、主は言われる」

（『エゼキエル書』三七章・一〜一四節）

このようなエゼキエルの幻視は、このマクダネルとラング共著の『天国の歴史』によると、

……肉体の復活という考えが最初に現れたのはイランの預言者ゾロアスター（紀元前一四〇〇年頃）の教えの中であった。ゾロアスターの持っていた死後の魂の運命についての確固とした信念には、この世の生を終えたあと、魂は個々に審判を受け、天国で報いられるか、あるいはずっと不愉快な場所たる地獄で罰を蒙るかする、という信仰が含まれていた。ゾロアスターが理解していたところによると、完璧な降伏には魂がただ単に永久に存在すること以上のことが必要であった。それは肉体と魂との再結合にかかっており、しかも展開の楽園ではなくてこの地上で起こることが必要であった。そこでゾロアスターは死者の復活と宇宙全体に及ぶ神の審判とその結果生じる、地上

の浄化を待望していたのである。（三一～三二頁）

と言っている。ゾロアスターの教義によると、人間をつくった創造者である神は、復活に際しては、ばらばらとなった骨をもう一度寄せ集めて肉体をつくるということであるから、エゼキエルにはゾロアスターの復活の影響を見るのみならず、バビロニアの捕囚を終えてパレスチナの故郷に帰れるという、イスラエルの国家を待望する思いもエゼキエルの預言には見られるのである。かくしてバビロニアの捕囚の頃には、死者の中なら信仰篤き人たちは蘇生し、地上の生者の仲間に加えられ、地上での生活が許されるようになるのである。

その後ギリシャ人の支配を受けるようになってから、彼らユダヤ人たちの考え方は、地上におけるイスラエル国家の樹立の夢は消え失せ、善良な魂の天国への上昇という哲学的な問題に移り、神は信仰篤い人を死後受け入れてくれるという天国における神と共にあることを期待するようになる。

けれどもわたしは常にあなたと共にあり、
あなたはわたしの右の手を保たれる。
あなたはさとしをもってわたしを導き、
その後わたしを受けて栄光にあずからせられる。
わたしはあなたのほかに、だれを天にもち得よう。

地にはあなたのほかに慕うものはない。

（『詩篇』七三篇・二三〜二五）

しかし神はわたしを受けられるゆえ、
私の魂を陰府《よみ》の力からあがなわれる。

（『詩篇』四九篇・一五）

このように詩篇作者は神が死後、自分たちを迎え入れてくれるということを述べることによって、天国への昇天という観念が生まれ、多くの人々にとっての希望と期待とになっていったのである。これにはプラトン（紀元前四二八〜三四七）の肉体の牢獄から解放された魂は、正しい者の魂である限り、地界に下降することなく、上へ上へと上昇し、イデアという天界の領域にその最後の住まいを見出すという教えの影響があることは言うまでもない。

このようにして、ユダヤ教はバビロニア捕囚後、ギリシャ思想の影響を受け、そしてまた、ギリシャ思想の影響を受けたユダヤ教がキリスト教思想の背景を築いていくことになる。

ユダヤ教はそのような歴史的展開をしていくのであるが、すでに見たように、ユダヤ人の生活はすべてモーセ五書に基づく『律法』や、『タルムード』によって規制されているので、ユダヤ人の体験する時々の歴史的状況が、実際にはそのまま天国ともなり、また地獄ともなっていると言えるのではなかろうか。そういう意味では、ユダヤ人の宗教は此岸的な宗教と言えるであろう。

三　イエス自身の場合

キリスト教の場合はというと、今日に至るまでの長いキリスト教の歴史において確立された教義にも関係することになるので、一概に言うのは難しい。前述のマクダネルとラング共著の『天国の歴史』によれば、

ガリラヤ人の中で最も名の知れた人、すなわちナザレのイエスは、自分の弟子たちに書いたものを遺すことはしなかった。それでイエスの本来の教えを再構築したいと願うなら、福音書に頼る他ないのだが、今日それすら一般にイエスその人とは個人的に面識のない二世代か三世代のキリスト教徒によって書かれたものと信じられている。それにこうした福音書は、初期の共同体の必要に応じるように書かれたものであって、歴史的な興味を満足させてくれるようなものではなかったので、その信憑性に一点の疑念もないという訳にはいかないのだ。純粋な伝記どころではなく、福音書には伝説的なものが色々と付着しているし、自分たちの同時代の人たちを教え導きたいという

希望が、その本来の言い伝えを形成していた――というかそれを歪曲してきた――というのが本当の所なのである。（五三～五四頁）

ということであるので、イエス自身の来世観というものを知ることは困難なことのように思われる。しかしながら、『ルカによる福音書』にも、『マタイによる福音書』にも、そして『マルコによる福音書』にも、一人の婦人と七人の兄弟の結婚の話があるから、この話が手がかりになるかもしれない。

その話というのは、一群の人たちがイエスのところにやってきて、次のような質問をしたのであった。ある男の兄が死んで、その妻が未亡人になったのだが、ユダヤの律法ではその男はその未亡人と結婚して、死んだ兄のために子をもうけなければならない。その男は兄の妻の未亡人と結婚するが、子をもうけずに死んでしまった。そのようにして七人の兄弟全員が次々とその未亡人と結婚したのだが、誰も子をもうけずにそれぞれが死んだのである。そうしてその未亡人も死ぬことになる。そのような場合、復活の際は、その女は一体誰の妻となるのかと問うたのである。それに対してイエスは次のように言われたのである。『ルカによる福音書』には、

この世の子らは、めとったり、とついだりするが、かの世にはいって死人からの復活にあずかるにふさわしい者たちは、めとったり、とついだりすることはない、彼ら

は天子に等しいものであり、また復活にあずかるゆえに、神の子でもあるので、もう死ぬことはあり得ないからである。死人がよみがえることは、モーセも柴《しば》の篇《へん》で、主を『アブラハムの神、イサクの神、ヤコブの神』と呼んで、これを示した。神は死んだ者の神ではなく、生きている者の神である。人はみな神に生きる者だからである。

（二〇章・三四〜三八節）

とあり、『マタイによる福音書』には次のようにある。

復活の時には彼らはめとったり、とついだりすることはない。彼らは天にいる御使のようなものである。また、死人の復活については、神があなたがたに言われた言葉をよんだことがないのか。『わたしはアブラハムの神、イサクの神、ヤコブの神である』と書いてある。神は死んだ者の神ではなく、生きている者の神である。

（二二章・三〇〜三二節）

それから、『マルコによる福音書』では、

彼らが死人の中からよみがえるときには、めとったり、とついだりすることはない。彼らは天にいる御使のようなものである。死人がよみがえることについては、モーセの書の柴の篇で、神がモーセに仰せられた言葉を読んだことがないのか。『わたしはアブラハムの神、イサクの神、ヤコブの神である』とあるではないか。神は死んだ者

の神ではなく、生きている者の神である。あなたがたは非常な思い違いをしている。（一二章・二五〜二七節）

とある。これら三つの話は同じ出来事に言及していると解されるのだが、このことについて、マクダネルとラング共著の『天国の歴史』では、死者の復活後の生においては婚姻ということはないということ、そしてまたそうした男女を「神の子」と呼んでいるが、「死でさえも復活した者たちの決して終わることのない生を脅かすことはない」（同、五六頁）ということを言っているのだと言い、

サドカイ人の質問に対するこのイエスの答では、死者はその先祖なり、前に死んだ者たちの共同体に入るものだという伝統的考え方は無視されている。そしてサドカイ人はその妻が現実にだれと結婚するのかに関心を持っていたのだが、イエスはそうした事柄は無縁であった。イエスの新しい見解では、死者は神とばかりか、アブラハムやイサクやヤコブと関係をもつのだからである。宗教上の人物としてこうした族長たちが、死者の配偶者なりその直接の先祖や親族にとってかわっているのだ。新約聖書の時代には死者はもはや「身内（親族）のもとに集められる」のではなく、「御使たちに連れられてアブラハムのふところに送られた」のであった。（同、五七〜五八頁）

と言っている。したがってイエスは個人が死後天国に昇天すると、神のおわします天国で

はアブラハム、イサク、ヤコブと関係を持ち、親族や配偶者との関係はないことを明らかにしている。このことから、イエスは来世にも関心があったということは明らかなことなのである。しかしながら、イエス自身が人々に語りたかったのは、「神の国」と「神の義」を求めることにあったのではなかろうかと考える。『マタイによる福音書』に、

……だから、何を食べようか、何を飲もうか、あるいは何を着ようかと言って思いわずらうな。これらのものはみな、異邦人が切に求めているものである。あなたがたの天の父は、これらのものが、ことごとくあなたがたに必要であることをご存じである。まず神の国と神の義とを求めなさい。そうすれば、これらのものは、すべて添えて与えられるであろう。（六章・三一節）

とイエスが述べているように、日常の生活において必要なものよりも、「神の国」と「神の義」を求めることの方が先決だと説いているからである。イエスにとって「神の国」とは来世とか、死んでからの世界のことではなく、生きている「今」なのである。今、神の国を自覚すれば、死んだなら天国に入り、神と族長たちと共に生きることになるとイエスは考えていたようである。それは後ほど述べるが、親鸞がこの世において「正定聚不退の位」を得ることが往生ということであって、往生が決定するならば、死んだときには浄土で仏になると言ったのと類似しているように思う。『ルカによる福音書』には、

神の国はいつ来るのかと、パリサイ人が尋ねたので、イエスは答えて言われた。「神の国は、見られるかたちで来るのではない。また「見よ、ここにある」「あそこにある」などとも言えない。神の国は、実にあなたがたのただ中にあるのだ」

（一七章・二〇節）

とある。つまり「神の国」は、エデンの園のようなユートピアのごときところと人は考えるかもしれないが、むしろイエスと共にある者としての自覚において、神の国の実在は証明されるということである。なぜなら、イエスは十字架の上で苦悶のなかにありながら、イエスのかたわらで十字架にかけられていた改悛した盗賊に、

よく言っておくが、あなたはきょう、わたしと一緒にパラダイスにいるであろう。

（『ルカによる福音書』二三章・四三節）

と言っているからである。改悛した盗賊もイエスのかたわらで十字架にかけられているということは、イエスに従う者の具体的な姿を示すのであって、『ガラテヤ人への手紙』にあるパウロの言葉で言えば、

キリスト・イエスに属する者は、自分の肉を、その情と慾と共に十字架につけてしまったのである。

（五章・二四節）

という人たちがイエスに従う者ということになる。したがってイエスに従う者においてこ

そ、神の国パラダイスが証明されるということであることがわかる。佐古純一郎氏は、「神の国」にいるとは「神の支配を受ける」ということであると言っている。氏によれば、「国」という言葉にはどうしても一つの物理的空間、領域をイメージさせるが、

時は満ち、神の国は近づいた。悔い改めて福音を信じなさい。

（『マルコによる福音書』一章・一五節）

というときの神の国には、聖書に即した考えからすれば「神の支配」という言い方の方が適切であると、氏は言っている（『新約聖書を語る【下】』、一二九〜一三〇頁、NHKこころの時代、一九九六年）。したがって、神の（愛の）支配に自分をゆだねるということは、『ヨハネによる福音書』によれば、「しかし、わたしはひとりでいるのではない。父がわたしと一緒におられるのである」（一六章・三二節）ということでもある。

このようにキリストに従う者としての生き方、すなわち神と共にある生き方は、「神の国と神の義を求める」生き方であるということであるから、これはイエスの立場が律法から福音へ足を移したことを意味していると言ってもよかろう。そうして、律法ではなく神と共なる生き方がまた、新しく生まれかわるということ、すなわち蘇るということでもある。イエスがニコデモに言った言葉に、

「先生、わたしたちはあなたが神からこられた教師であることを知っています。神が

ご一緒でないなら、あなたがなさっておられるようなしるしは、だれにもできはしません」。イエスは答えて言われた、「よくよくあなたに言っておく。だれでも新しく生まれなければ、神の国を見ることはできない」（『ヨハネによる福音書』三章・二節）とあるからである。イエス・キリストによって蘇った者だけが「神の国が見える」というのである。神の国が見える者は、「神の子」でもある。

……彼らは天使に等しいものであり、また復活にあずかるゆえに、神の子でもあるので、もう死ぬことはあり得ないからである。（『ルカによる福音書』二〇章・三六節）

このように、この世において「神の国が見える」とか「神の支配を受ける」ということは、死んでから天国に入ることができ、神や族長たちのもとに生きることができるということである。それは親鸞の「正定聚に住するが故に必ず滅度に至る」（聖典・二八〇頁）という思想と類似している。その結果、イエスに追随する者は、イエスと共に天国に入ることができ、神の子として永遠の命を得るということになる。したがって、イエスはこの世、あの世ということを言うよりも、「神の国」とか「神の義を求める」ことを人々に説くことの方が、宗教的自覚を人々に促すことができると考えていたのではなかろうか。

イエスは布教活動において、自分の使徒や追随者たちに、神の国のために、家族の絆を断ち、家庭を棄てることを勧めていた。『ルカによる福音書』には、イエスは言われた、「よく聞いておくがよい。だれでも神の国のために、家、妻、兄弟、両親、子を捨てた者は、必ずこの時代ではその幾倍もを受け、また、きたるべき世では永遠の生命を受けるのである」

（一八章・二九～三〇節）

とあり、さらに、『マタイによる福音書』では、

わたしがきたのは、人をその父と、娘をその母と、嫁をそのしゅうとめと仲たがいさせるためである。

（一〇章・三五節）

とある。そうしてイエス自身も彼の家族を棄てた言葉を残している。『ルカによる福音書』には、

さて、イエスの母と兄弟たちとがイエスのところにきたが、群衆のためそば近くに行くことができなかった。それで、だれかが「あなたの母上と兄弟がたが、お目にかかろうと思って、外にたっておられます」と取り次いだ。するとイエスは人々にむかって言われた、「神の御言《みことば》を聞いて行う者こそ、わたしの母、わたしの兄弟なのである」

（九章・一九～二一節）

とある。なぜ家庭を棄て、家族の絆を断つことをイエスは勧めたのであろうか。思うに、人間は誰しも、死ぬときは一人であるからである。死ぬときは、家も、財産も、両親も、妻子も、兄弟も、頼りにはならないのに、人間は誰しも親とか子ども、夫とか妻、地域社

会などと絆を持ち、それらに身を置いてさえいれば、安穏な日々を送れると思って死ぬことを忘れている。

清沢満之が『精神界』（第一巻、第十一号、明治三十四年十一月。復刻版、法藏館、一九八六年）に寄稿した「宗教的信念の必須條件」には、

私は常に思ふ、世の人々の多く、宗教的信念を求めて居ながら、容易に安立の地に達せられないのは、明白にその必須條件がわかって居ないからであると。（二六頁）

と意って、本当の人間の生き方とは、

……自分の財産を頼みにし、自分の妻子朋友を頼みにし、自分の親兄弟を頼みにし、自分の地位を頼みにし、自分の才能を頼みにし、自分の学問知識を頼みにし、自分の国を頼みにするやうではいかぬ。総て世の中の事々物々、いかなる事物をも頼みにしないと云ふやうにならねば、中々宗教的信念に入ることはできまいと思ふ。家を出て、財を捨て、妻子を頼みとせぬと云ふ厭世の関門を一度経なければ、なかなかほんとうの宗教的信念に到ることはできぬであろう。（二六頁）

と言っている。また身をもって妻帯せず、結婚もしなかったパウロも同じようなことを言っている。すなわち、パウロは、

わたしはあなたがたが、思い煩わないようにしていてほしい。未婚の男子は主のこ

とに心をくばって、どうかして主を喜ばせようとするが、結婚している男子はこの世のことに心をくばって、どうかして妻を喜ばせようとして、その心が分かれるのである。未婚の婦人とおとめとは、主のことに心をくばって、身も魂もきよくなろうとするが、結婚した婦人はこの世のことに心をくばって、どうかして夫を喜ばせようとする。

（『コリント人への第一の手紙』七章・三二～三四節）

と言っている。従って、イエスの勧めも、清沢満之の考えも、「神の国」に入るためには、あるいは宗教的信念に入るためには、まず自分の「死」ということを平素から考えておくことから始めなければならないと教えているのである。そのためには自分の家族をも含めて、人間世界のいろいろな関係や絆を一切断ち切ってみることが肝要だと言うのである。そのようなことをしてみて、「神の国に入る」とか「安立の地に達する」ことの意味が分かるようになるのであって、宗教的自覚はおのずから自然に確立されていくと言う。イエスが主に心をくばるようになったのは若い頃からのようである。『ルカによる福音書』によると、イエスは過越の祭りを家族と共に祝うことも無視したという。毎年両親と一緒にエルサレムに行っていたイエスは、十二歳のとき、祭りが終わってもそのままエルサレムに居残っていた。両親は迷子になったと思って、懸命にさがしたところ、宮の中で教師たちの真ん中にいて、教師たちの話を聞いたり質問したりしているイエスを発見したのであった。

……母は彼に言った、「お父様もわたしも心配して、あなたを捜していたのです」。するとイエスは言われた、「どうしてお捜しになったのですか。わたしが自分の父の家にいるはずのことを、ご存じなかったのですか」。しかし、両親はその語られた言葉を悟ることができなかった。（二章・四八〜五〇節）

『天国の歴史』を書いたマクダネルとラングの言うように、「まことにイエスは神の思想にとり憑かれた男だった」（六五頁）のである。そうしてこの本の筆者たちは、

イエス直々の教えとはなにか。これについては新約聖書からあれこれと確かめることもできるし、またそれについては近代の学者の見解も色々と分かれるところがあるのだが、だれもが認めるところは、神中心で「純粋に宗教的だった」というイエス観である。……イエスの教えとは、直接に明々白々たる神体験と神の意志という考えによって心を奪われた人から発せられたものなのだ。（六二頁）

と言っている。イエスはその生涯を通して、神と共にあったということは、親鸞の場合も生涯を通して阿弥陀如来と共にあったと言えるし、ムハンマドの場合もアッラーと共にあったと言える。しかしながら親鸞は肉食妻帯をした男であり、ムハンマドも愛妻ハディージャの協力によってアッラーの啓示を人々に伝えた人であるというところが、神の国のために家族との絆を断ち、家庭を棄てたイエスと違う点である。それぞれの教団の指導者に

はそれぞれ異なる生き方や教えがあったというところに、興味を覚えるものである。

四　親鸞自身の場合

キリスト教の場合と同じように、真宗においても長い歴史があるので、直接親鸞に尋ねてみることにする。そうして親鸞の語った言葉から、現世と来世について親鸞はどう考えていたかということを明らかにしようと思う。

真宗は浄土系の仏教であるが、親鸞の思想は浄土系の仏教の中でも異色であるところに特徴がある。それは、浄土系の仏教では一般に死んだら浄土に往生すると説いているので、その点で、イスラームの宗教と似ているのであるが、親鸞は現世において正定聚不退の位に住することを強調しているという点で、「神の支配を受ける」ことを説いたイエスの教えと類似している。「正定聚」とは「正しく往生が決まっている人たち」ということで、「正定聚不退の位に住す」とは「正しく往生が決まっている人たちの仲間から外れない状態にいる」ということである。『教行信証』の『証巻』で親鸞は、

……しかるに煩悩成就の凡夫、生死罪濁の群萌《ぐんもう》、往相回向の心行を獲れば、即の時に大乗正定聚の数に入るなり。正定聚に住するがゆえに、必ず滅度《めつど》に至る。必ず滅度に

至るは、すなわちこれ常楽《じょうらく》なり。常楽はすなわちこれ畢竟寂滅《ひっきょうじゃくめつ》なり。寂滅はすなわちこれ無上涅槃なり。無上涅槃はすなわちこれ無為法身《むいほっしん》なり。無為法身はすなわちこれ実相《じっそう》なり。実相はすなわちこれ法性《ほっしょう》なり。法性はすなわちこれ真如《しんにょ》なり。真如はすなわちこれ一如《いちにょ》なり。

（聖典・二八〇頁）

と言っているし、また『末燈鈔』では、

……真実信心の行人《ぎょうにん》は、摂取不捨《せっしゅふしゃ》のゆえに、正定聚のくらいに住す。このゆえに臨終まつことなし。来迎《らいこう》たのむことなし。信心のさだまるとき、往生はまたさだまるなり。来迎の儀式をまたず。

（聖典・六〇〇頁）

と親鸞は言っているから、一般に考えられているように、往生は死んでからのことではなく、往生はこの世、現世においてであることがはっきりしている。その点が親鸞の思想の特徴である。親鸞はなぜこのように死んでからの往生という立場をとらないのかというと、その理由は、『大経』下巻にある「十一願成就の文」、すなわち、

「其有衆生　生彼国者　皆悉住於正定之聚」

（聖典・四四頁）

の、「生彼国者」を「彼の国に生まれんとする者は」と読むか、あるいは「彼の国に生ずる者は」と読むか、どちらの読み方を取るかということからきている。親鸞は『一念多念文意』で、

……「それ衆生あって、かのくににうまれんとするものは、みなことごとく正定の聚に住す」（聖典・五三六頁）

と、言っているので、親鸞は前者の読み方を取ったことがわかる。すなわち、信を得たときにこの世で正定聚の位が決まるという立場である。それゆえ、現生正定聚が親鸞の思想であるということになる。これがもしも後者の読み方をとったとすれば、死んでからそれが決まることになったはずである。このところが、長い真宗の歴史において、この往生の問題が間違われ、混乱してしまって、いまだに死んでからの往生と考える人がいるのである。したがって、曽我量深師は、「往生はこの世、成仏はあの世」とはっきり言いきっている。

……往生と成仏は同一だと、そういうことになれば、成仏の証拠がない。往生によって成仏を証明するのでありましょう。往生も未来、成仏も未来というならば、往生によって成仏というのは証明できないことになる。浄土真宗の教えというのは、往生は現在なんだ。現在に往生するから未来に成仏する証拠がある。そういう教えでありま す。……いつまで経っても、相も変わらん、往生までも未来にする、それは『観経』・『阿弥陀経』の往生である。観経往生はわれらの命の終わる時、未来往生であろうが、往生は未来往生でなく、現世において往生する。大経往生は、現生において往生するが故に、それ故に、その人は命終わる時に、無上涅槃のさとりをひらくのである。そうでなければ、往生の意味がなくなる。親鸞聖人のお心の深いところを、われらは明らかにしていかなければならんのであります。

（『信に死し願に生きよ』四一三〜四一五頁、百華苑、一九七六年）

すでに述べたように、イエスはこの世において「神の国の支配を受ける」という、心正しい生き方をするならば、死ねばただちに天国の神と族長たちのもとへおもむくと説いたように、親鸞も智慧の念仏によって「現生正定聚に住する」（往生する）生活を送れば、死んだら成仏することが約束されていると説いたのであった。それゆえ、親鸞の教えを信じている人たち、例えば、浅原才市は、

わたしや臨終すんで葬式すんで
浄土に心住まわせて貰うて
なむあみだぶと　浮き世におるよ

とうたっている。

真宗の長い歴史においては、親鸞を神格化して扱った時代もあるが、現代は煩悩具足の親鸞、地獄に堕ちても当然であると悲嘆述懐した人間親鸞が、如来のはたらきである念仏と共に人生を生き抜いた現生正定聚の人ということで、親鸞を学ぶ時代になっている。

結語

人間は誰でも、死んだらどうなるのだろうかという疑問や不安を持って生きていることは確かである。たとえ、死んだら終わりさと言ったり、地獄や天国（あるいは極楽浄土）なんか死んでからの世界に在るものかとうそぶいて言っていても、死後の不安は持っているものである。それゆえに、宗教はその不安をなくすために存在理由があると言っても過言ではなかろう。

イスラームの宗教は六信五行の中に、来世を信ずることが入っているから、来世主義であることがはっきりしているのに対して、ユダヤ教の場合は、ユダヤ人の歴史そのものがヤハヴェの神との関わりにおいて、そのままの生活が天国ともなり、地獄ともなっているので、どちらかというと、此岸的な宗教と言えるであろう。

ところが、キリスト教や真宗では……と言うより、イエスや親鸞では……と言う方が煩雑にならないのでそのように言わせてもらえば、現世で救われるならば、来世においては神のおそばにいる天使に等しい者となり、復活にあずかるがゆえに神の子となる（『ルカによる福音書』二〇章・三六節）というのがイエスの考えであり、親鸞の場合も、この世で正定聚に住することができれば、死んだ後、浄土に生まれ阿弥陀如来と同じ仏となると説いている。

　イエスの言う現世において「神の支配に入る」とは、具体的にどういうことかと言うと、すべて家族の絆を断ち切って（『マタイによる福音書』一〇章・三五節）、ひとえに「主のことに心をくばって、どうかして主を喜ばせよう」とし、そのため「身も魂もきよくなろうとする」（『コリント人への第一の手紙』七章・三二〜三四節）ことのようである。

　親鸞においてこの世で正定聚に住するとは、具体的にどういうことなのかと言うと、例えばすでに述べた善太郎のような人である。彼は寺の法座のときに、喜びのあまり立ち上がって踊り出したというが、そのとき彼は自作の歌をうたって踊ったという。その歌は、

　やれやれうれしや、ありがたや
　生々世々のはつごとに
　わたしは全体、悪太郎なれど
　おかげで善太郎

という歌であったという（『有福の善太郎』五九頁）。したがって善太郎のような人が正定聚に住している人だというと、傍若無人な人であり、人のことも考えない自分勝手な振る舞いをする人のように普通思われがちであるが、善太郎については次のような話も伝わって

いる。ある月夜に善太郎の庭の柿の木に柿泥棒が二人のぼって柿を取っていた。善太郎はハシゴを持ってきて木にかけ、「若い衆、ケガせんようにとってかえんさい」と声をかけたという。善太郎は一七八二年の生まれで七十五年の生涯であった。七十歳の晩年のときに書いたといわれている次のような手記も参考になろう。

善太郎は父を殺し、母を殺し
その上には盗人をいたし、人の肉をきり
その上には人の家に火をさし
その上には親には不幸のしづめ
人の女房を盗み
この罪で、どうでもこうでも
このたびとゆう、このたびは
はりつけか、火あぶりか、打ち首か
三つに一つは、どうでもこうでものがれられん
（同、二〇頁）

まさに親鸞晩年の作といわれている『愚禿悲嘆述懐和讃』にある、

悪性《あくしょう》さらにやめがたし
こころは蛇蝎《じゃかつ》のごとくなり

修善《しゅぜん》も雑毒《ぞうどく》なるゆえに
虚仮《こけ》の行とぞなづけたる
（聖典・五〇八頁）

に比すべき、素朴な善太郎の告白である。このような善太郎が村人たちに慕われていたというのであるから、傍若無人な自己中心的な人という常識的な批判は当たらない。またある人が「わしらも、善太郎さんのように、ありがたい身になりたいもんだ。死んでもお浄土参りはまちがいないもんだろうが……」と言うのを聞いた善太郎は、

おまえさんらは、わしの真似をして、わしの跡についてきてみい、そりゃあたいへんだ。この善太郎は地獄行きじゃ、地獄行きじゃ。それよりゃあな、如来さんにたすけてもらいんさい。

と言ったのであった。そのときわきおこった念仏の声は、谷川の水と和し、法悦の気分はせまい溪谷にみなぎったという（『有福の善太郎』三四～三五頁）。

真宗における正定聚に住している人というのは、二者択一的な考えによって考えられる範疇には入らない人なのであってむしろ、「善悪のふたつ総じてもって存知せざるなり」（聖典・六四〇頁）という人である。親鸞の思想は悪人正機だと世間では言っているけれど、親鸞の言う悪人は、同時に善人なのである。やはりインドのゼロの思想が、親鸞の思想にあると言えよう。

第八章　最後の審判

一　イスラームの宗教の場合

イスラームの宗教は、ユダヤ教やキリスト教と同じセム系の宗教であるので、終末論の立場をとる宗教である。したがって、神によって創造されたこの世は、やがて天変地異が起きて自然が崩壊するという恐ろしい終末の日が、神によって惹き起こされるという。そうして、その時には、死んだ人間は復活して、審判の場に引き出される。(やはり、ゾロアスターの思想が影響しているのであろう)

誰でもみな(一度は)死を味わわねばならぬ身。お前たち(この世にあるかぎり)、我らは禍福でいろいろに試練《こころみ》た上で、みな我らのもとに連れ戻す。(二一章・三六節)

そうしてそのとき、帳簿に記されているこの世での行為に基づいて、天国にやられるか、それとも地獄に追いやられるか、何れかの道が決められるという。すでに述べた六信五行の中の六信の一つに、「来世」があるが、井筒博士は「来世への思いが人間の行動の最高の原理として働かねばならない(『イスラーム文化』八九頁)」と言っているように、コーランには終末の恐ろしい情景が述べられているので、ムスリムたちはこの世での己の行動に無頓着ではおれない。

主の懲らしめは必ずおこる。それを禦《ふせ》げるものはない。大空がぐらぐらと大揺れに揺れ、山々があちこち動き出す日、その日こそ、(天啓を)嘘と見て、(虚偽の)泥沼に戯れていた人々の哀れなものよ。(五二章・七～一二節)

これは終末の時の恐ろしい情景の一つである。そうして、

嚠喨《りゅうりょう》とラッパが吹き鳴らされる日、その日こそ我らは罪深い者どもを一人のこらず召し寄せてやる。みんな青い眼をした者ばかり、ひそひそ声で、お互いに「(死んで地下に)いたのはほんの十日ほどだなあ」と言えば、みんながああだこうだと喋りだす、そんなことまで手にとるように我らは全部知っている。(二〇章・一〇二～一〇四節)

とアッラーは言っている。これは復活の時の模様であるが、さらに、

人間というものは、己の骨がよもや我らに集められることはあるまいと考えている

のか、いや、いや、指の先まですっかり元どおりにして見せようぞ。ええ、人間め、いつまでも末永く道楽三昧したいのか。『復活の日とはいつのこと』ときいている。だが、よいか、いざ目が眩んで、月は光を失い、太陽と月が一つに集まってしまったら、その時こそ、さすがの人間も言うであろう。「どこぞ逃げ場はないものか」と。いや、いや、逃げも隠れもなるものか。その日には、落ち着く前は主のみもと。その日こそ、人間がみなそれぞれに自分のしたこと、し残したこと、すっかり話して聞かされる日。

（七五章・三〜一三節）

というように復活のことを説明している箇所もある。そうして審判の場に引き出されるのである。

さ、その日には、お前たちみなむき出しで、何一つ隠せるものはありはせぬ。己が帳簿を右の手に渡されたものは（嬉しさのあまり）言うだろう、「さ、みなさん手にとって読んで下さい、このわしの帳簿。なあに、いずれは自分の決算にお目にかかると思っていたよ」と。そしてまあ、今度の生活《くらし》のなんとも言えぬ心持《ここち》よさ。高い高い（天上の）楽園の中、手をのばせば（おいしい）果物が取り放題。「さ、食べよ、飲めよ、心ゆくまで。これもみな過ぎ去ったとおい日々お前たちが自分でした（善行）の報い」。これに反して、帳簿を左手に渡された者どもは、きっとこう言うことであろう、「ああ、情けない、こんな帳簿など貰わぬ方がましだった。自分の決算など知らぬ方がましだった。ああ、いっそ何もかも終わりになってしまえばいいに。山なす財産もついにものの役には立たなかったか。かってのわしの威勢は消え去ったか」と。「摑まえよ、縛りつけよ（アッラーが地獄の番人に命令しているところ）、それから地獄で焼いてやれ。焼いたら今度は七十尺の鎖でぐるぐる巻きにしてしまえ。この者は（現世にいた頃）偉大なアッラーを信じなかった。貧乏人の養いを勧めることもしなかった。その報いで、今日、ここでは為を思ってくれる友とてなく、食い物といってはどろどろの膿汁ばかり、罪人だけが食べる物」（六九章・一八〜三七節）

そのほかにも、天国や地獄の描写があるが、このようなコーランの記述を評して、トーマス・カーライル（Thomas Carlyle）は、

> マホメットの天国は官能的であり、地獄も官能的であり、（いずれも）真実である。前者にも後者にもわれわれの霊的感情全体に衝撃を与えるものが充分にある。
>
> Mahomet's Paradise is sensual, his Hell sensual; true; is the one and the other there is enough that shocks all spiritual feeling in us.（Heroes, Hero-worship, p. 74, Vol. V in *The Works of Thomas Carlyle*, London, 1897）

と言っているが、本当に彼の言う通りであって、地獄の描写が凄まじく、恐怖を感じさせ

るものだけに天国の描写は人間の欲望を充分満足させるような表現になっている。

われわれ人間は、慢心や奢り高ぶった心をもって人生を送ることのないように、謙虚で慈しみの心ある人間でなければならないというコーランの理想像というか、アッラーの人間にかける願いとでもいうか、そういうものがアッラーにはあるということが理解される。そうすると、最後の審判ということは、人間各自の、この世における生き方についての、客観的評価というように考えられるであろう。

そうしてこの世においてどのような人生を送ったかということが、終末の時に、客観的に評価されるということになると、学年の期末に渡される成績表に一喜一憂する学校の生徒のようなもので、己が帳簿を右の手に渡されるか、左の手に渡されるかということが、ムスリムにとっては「自分の決算にお目にかかる」という大きな問題になるわけだが、だからといって決してアッラーはいたずらに人間を恐怖に陥れ、おそろしがらせているわけではない。最後の審判を信じ、天国に生まれることを願って、イスラームする心を忘れずに「神を畏れる者」としての生活さえしておれば、それでもう立派なアッラーの御心にかなったムスリムなのであるから、アッラーの怒りはおさまり、天国に生まれるようにしてもらえるのである。

二　キリスト教の場合

『ルカによる福音書』(一六章・一九〜三一節)に、「金持ちとラザロ」の話がある。

金持ちの男が毎日豪勢な宴を張っていた。その男の家の門口には全身を吹き出物だらけの貧乏人ラザロが横たわっていた。そのラザロは金持ちの食卓から出るおこぼれでもって飢えをしのいで満足していた。このラザロが死ぬと天使によって、アブラハムのもとに連れて行かれた。ところが金持ちの男が死ぬと埋葬されはしたものの、その魂は炎と苦しみを味わわされる地獄にあったのである。

金持ちは見上げると、遙か彼方にアブラハムが見え、そのかたわらにラザロがいるではないか。それでアブラハムに、ラザロを自分のところに遣わして、その指先にひたした一滴の水でよいから、自分の口の渇きをいやしてほしいと懇願したところ、アブラハムは「わたしたちとあなたたちとの間には大きな淵が置かれてあるので、こちらからあなたがたの方に渡ることもできないし、そちらからわたしたちの方へ越えてくることもできない」と言うのであった。

そこで金持ちは、自分に五人の兄弟がいるので、ラザロを遣わして、こんな苦しいところに来ないように警告してほしいと頼むのだが、アブラハムは「彼らにはモーセと預言者とがあるから、それらに聞くがよかろう」と言うのであった。すると金持ちは、「もしも死人の中からだれかが兄弟のところに行ってくれたら、彼らは悔い改めるでしょう」と言うのであるが、アブラハムは「モーセと預言者とに耳を傾けないのなら、死人の中からよみがえる者がいたとしても、彼らはその勧めを聞き入れないだろう」と言うのであった。

このようなイエスの話から、人間は死ぬと、霊魂はあの世に行くが、肉体は墓にとどまったままであるということ、天国は貧乏人のためにあり、地獄は金持ちのためにあり、金持ちは貧乏人に施しをしないと地獄に堕ちて罰せられ、悲惨な目にあうが、貧乏人は天国では永遠の至福を得るということ、また、天国でラザロはアブラハムやその仲間と一緒であって、自分たちの先祖と一緒ではないということ、あの世とこの世との間には断絶があって、死者が生者に話をすることはできないということ、そうして　生者のしなくてはならないことは、悔い改めて、もっぱら「モーセと預言者」の語ることに耳を傾けることがキリスト教であることがわかるのである。

そのような話はユダヤ教の教義と伝統が、キリスト教に受け継がれていることを意味する。だが、イエスは、この世において神の支配を受けることに布教の力を注いだと思われる。なぜなら、この世で神の支配を受けることができれば、天国に生まれることは確実だからである。

ところで、最後の審判について、福音書作者たちが残してくれた福音書に基づいて総合的に考えてみると、最後の審判の様子がイメージとして浮かんでくる。

まずパウロは『コリント人への第一の手紙』には、

> ここで、あなたがたに奥義を告げよう。わたしたちすべては、眠り続けるのではない。終わりのラッパの響きと共に、またたく間に、一瞬にして変えられる。というのは、ラッパが響いて、死人は朽ちない者によみがえらされ、わたしたちは変えられるのである。（一五章・五一～五二節）

と述べてある。「（わたしたちすべては、）ラッパの響きと共に、またたく間に、一瞬にして変えられる」というのは、すでに述べたように、バビロニア捕囚の頃にゾロアスターの復活の教義から取り入れた思想なのであって、その頃、預言者として活躍したエゼキエルがその説教の中で述べている（『エゼキエル書』三七章・一～一四節）のである。

また『ヨハネによる福音書』にも、

> このことを驚くには及ばない。墓の中にいる者たちがみな神の子の声を聞き、善をおこなった人々は、生命を受けるためによみがえり、悪をおこなった人々は、さばきを受けるためによみがえって、それぞれ出てくる時が来るであろう。

とある。最後の審判は神ご自身がなさるのではなくて、『ヨハネによる福音書』によると、キリストが行うのである。

（五章・二八〜二九節）

父はだれをもさばかない。さばきのことについてはすべて、子にゆだねられたからである。それは、すべての人が父を敬うと同様に、子を敬うためである。

（五章・二二〜二三節）

かくしてこの世における善行、悪行が精算される場として最後の審判が開かれる。キリストが審判の場につくべく、天から下りてこられる。『テサロニケ人への第一の手紙』に、

……主ご自身が天使のかしらの声と神のラッパの鳴り響くうちに、合図の声で、天から下《さが》ってこられる。

（四章・一六節）

そうして、『コリント人への第二の手紙』によると、

……わたしたちは皆、キリストの裁きの座の前にあらわれ、善であれ悪であれ、自分の行ったことに応じて、それぞれ報いを受けねばならないからである。（五章・一〇節）

とある。『マタイによる福音書』には、

人の子が栄光の中にすべての御使たちを従えて来るとき、彼はその栄光の座につくであろう。そして、すべての国民をその前に集めて、羊飼いが羊とやぎとを分けるよ

うに彼らをより分け、羊を右に、やぎを左におくであろう。『わたしの父に祝福された人たちを、さあ、世の初めからあなたがたのために用意されている御国を受け継ぎなさい。……』それから、左にいる人々にも言うであろう、『のろわれた者どもよ、わたしを離れて、悪魔とその使いたちのために用意されている永遠の火にはいってしまえ。……』……そして彼らは永遠の刑罰を受け、正しい者は永遠の生命に入るであろう。

（二五章・三一〜四六節）

と述べている。キリスト教におけるこのような「最後の審判」は、コーランに説かれている「最後の審判」と類似していると言えよう。したがって、「最後の審判」のイメージはキリスト教からイスラームの宗教へと受け継がれていると言うことができる。

幻視による記述は『ヨハネの黙示録』である。

……見よ、御座《みざ》が天に設けられており、その御座にいますかたがあった。その御座にいますかたは、碧玉や赤めのうのように見え、また、御座のまわりには緑玉のように見えるにじが現れていた。また、御座のまわりには、二十四の座があって、二十四人の長老が白い衣を身にまとい、頭に金の冠をかぶって、それらの座についていた。

（四章・二〜四節）

そうしてこの御座のまわりにはさらに四つの生き物がいて、「聖なるかな、聖なるかな」

を絶え間なく叫んでいる。第一の生き物はししのようであり、第二の生き物は雄牛のようであり、第三の生き物は人間のような顔を持ち、第四の生き物は空飛ぶわしのようであった（同、四章・六〜七節）。

また、御座にいますかたの右の手に、内側にも外側にも字の書いてある巻物があるのを見た。しかしその巻物を開いて見ることのできる者は一人もいなかった。すると御座と四つの生き物との間、長老たちの間に、ほふられたとみえる小羊が立っているのを見た。小羊が御座にいますかたの右の手から、巻物を受け取ると、四つの生き物と、二十四人の長老たちは、おのおの、立琴《たてごと》と、香の満ちている金の鉢とを手に持って、小羊の前にひれ伏した。さらに見ていると、御座と生き物と長老たちのまわりに、大勢の御使たちの声があがるのを聞いた。それは「ほふられた小羊こそは、力と、富と、智恵と、勢いと、ほまれと、栄光と、讃美とを受けるにふさわしい」というのであった。さらに天と地とすべてにある作られたものも同じように言う声を聞いた。四つの生き物はアーメンと唱え、長老たちはひれ伏した。

かくして小羊は七つの封印を一つ、一つ、解いていった。解いていくと、白い馬に乗っている戦いをもたらす人が出てきたり、赤い馬に乗っている平和を奪う人、秤をもって乗っている黒い馬、死をもたらす人が乗っている青白い馬が出てきた。さらに第五の封印を解いたとき、殺された人々の霊魂が祭壇の下にいるのを見た。そのほか大地震が起き、天変地異が生じ、人々は洞穴や岩かげに身を隠したりして、「さあ、われわれをおおって、御座にいますかたの御顔と小羊の怒りとから、かくまってくれ」と、山や岩に向かって叫ぶのであった。

　第七の封印を小羊が解いたとき、半時間ばかり天に静けさがあった。それからわたしは、神のみまえに立っている七人の御使を見た。そして、七つのラッパが彼らに与えられた。

（七章・一〜二節）

　第一の御使がラッパを吹くと、血の混じった雹と火が地上に降り、地の三分の一と木の三分の一とが焼け、青草はすべて焼けてしまった。

　第二の御使がラッパを吹くと、火の燃えさかっている大きな山のようなものが海に投げ込まれ、海の生き物の三分の一が死に、舟の三分の一が壊されてしまった。

　第三の御使のラッパで、たいまつのように燃えている星が川に落ち、川の水の三分の一が「にがヨモギ」のように苦くなり、そのため多くの人が死んだ。

　第四の御使のラッパでは、太陽の三分の一、月の三分の一、星の三分の一とが打たれ、これらのものの三分の一が暗くなり、昼の三分の一が明るくなり、夜も同じようになった。

　第五の御使のラッパで、一つの星が天から落ち、人間に災いをもたらすイナゴのようなものが現れて、人間を刺して苦しめた。

第六の御使がラッパを吹くと、大ユウフラテ川のほとりにつながれていた四人の御使が、人間の三分の一を殺すために、解き放たれた。騎兵隊の数は二億となり、彼らの口から出る火と煙と硫黄とによって、人間の三分の一は殺されてしまった。これらの災害で殺されずに残った人々は、悪霊の類や金、銀、銅などで作った偶像を礼拝して、やめようとしなかったし、犯した殺人やまじないや、不品行や、盗みを悔い改めようとしなかった。

第七の御使がラッパを吹く音がして、神がその僕《しもべ》、預言者たちにお告げになった通り、神の奥義は成就されるのである。そのとき天から声がして、御使の手に開かれている巻物を受け取れと言うのである。私は言われた通りすると、その巻物を食べてしまえと言うのである。私の口に入れると蜜のように甘かったが、それを食べると腹が苦《にが》くなった。そのとき、「あなたは、もう一度、多くの民族、国民、国語、王たちについて、預言しなければならない」という声が聞こえた。

このようなことが私に次々と見せつけられたのであった。

　またわたしが見ていると、ひとりの御使が、底知れぬ所のかぎと大きな鎖とを手に持って、天から降りてきた。彼は、悪魔でありサタンである龍、すなわちかの年を経たヘビを捕らえて千年の間つなぎおき、そして、底知れぬ所に投げ込み、入り口を閉じてその上に封印をし、千年の期間が終わるまで、諸国民を惑わすことのないようにしておいた。その後、しばらくの間だけ解放されることになった。（二〇章・一～三節）
そして千年の期間が過ぎるとサタンはその獄から解放されるが、人々を惑わすので、悪魔は火と硫黄の池に投げ込まれた。
……そこには、獣もにせ預言者もいて、彼らは世々限りなく日夜、苦しめられるのである。（二〇章・一〇節）

久重忠夫氏の『西欧地獄絵巡礼』（彩流社、一九九六年）によると、

　このような思想が図像化される起源は、すでに古代ローマ時代の地下墓地カタコンペの表現にも見られるというが、少なくとも四、五世紀以後、終末の象徴的な表現である四動物の獅子・牛・人・鷲に囲まれた栄光のキリスト、十二使徒、二十四人の長老からなる黙示録《アポリカリプス》的表現が、五世紀にはローマのサン・パオロ・フォーリ・レ・ムーラのモザイクに現れ、また様々な黙示録写本挿絵《ミニアチユール》が中世を通じて聖書を飾る。象徴的な「最後の審判」の表現としては、羊飼いが羊（天国行きの人々）と山羊（地獄堕ちの人々）を左右に分けるという「マタイによる福音書」に従う図像が、ラヴェンナのサンタポリナーレ・ヌオヴォに現れる。……

　審判図の基本的要素は、キリスト、天使、使徒、復活の人々という四者であるが、

後にこれに十字架、キリスト受難の際に使われた諸道具（柱、茨の冠、槍、釘）、裁きの天秤を持つ大天使ミカエル、天国行きの人々と地獄堕ちの人々、魂を抱くアブラハムのいる天国、魔王ルシフェルのいる地獄、火の河、あるいは罪人が追い込まれていくリヴァイアサンの口、地獄の釜などが次々と付け加えられ、大規模な作品となっていく。

（三二～三三頁）

ということである。筆者は久重氏のように、最後の審判の図像や地獄絵の研究家ではないのだが、氏の言う基本的要素を忠実に守って描いた最後の審判の絵は、ボーヌの施療院にある初期フランドル派のファン・デル・ウェイデンの「最後の審判」の絵ではなかろうかと、勝手に考えている。

施療院の建物の、赤、黄、緑、褐色の色づけをした瓦の屋根のあざやかな模様にも目を奪われたが、サン＝ルイ館の暗い一室の奥にある「最後の審判」の絵にも目を見張ったのであった。特に九枚のパネルの真ん中の絵には、深紅の衣をまとったキリストと純白の衣の大天使ミカエルとが上下に並んで描かれているのだが、キリストとミカエルの着物のあざやかな対比は、今でもはっきりと印象に残っている。それなのに意外にもキリストとミカエルの顔が、無表情であった。公平な裁きが行われる厳粛な雰囲気を、作者は表現しようとしたのだろうか。

この「最後の審判」の絵は「貧者たちの間」の祭壇に飾られていたものだが、ミカエルの、今地上に着地し、右手に秤をかかげて、魂の計量にとりかかっているところの端然とした英姿は、「貧者の間」の病人たちに、どのような恐れ、どのような期待をもって迎えられたであろうか。赤い衣、赤い翼の四人の天使たちの吹き鳴らすラッパに蘇った死者たちが、審判の座に引き出される様子が下の方に描かれ、ミカエルの持ち上げる秤の皿には、向かって右の皿には地獄堕ちの魂が、一方の皿には天国行きを約束された魂が乗っているのだ。

この様子を病人たちは見て、自分の罪の深さにおののいたことであろう。なぜなら、肉体の病は魂の病の象徴と考えられていた時代であったからである。それゆえ、病人たちは、罪の深さにおののきながら、救いをキリストに求めたことであろう。使徒たちに囲まれて裁きの座についているキリストの両側のパネルには、手を合わせて跪いている仲介者、聖母マリアと聖ヨハネの姿が印象的であった。

ところが、『ヨハネによる福音書』によると、

神が御子を世につかわされたのは、世をさばくためではなく、御子によって、この世が救われるためである。彼を信じる者は、さばかれない。信じない者はすでにさばかれている。神のひとり子の名を信じることをしないからである。そのさばきという

のは、光がこの世にきたのに人々はそのおこないが悪いために、光よりも闇の方を愛したことである。悪を行っている者はみな光を憎む。そしてそのおこないが明るみに出されるのを恐れて、光にこようとはしない。（三章・一七〜二〇節）

とある。「神が御子を世につかわされたのは、世をさばくためではなく、御子によって、この世が救われるためである」のなら、なぜ同じ『ヨハネによる福音書』の五章・二二〜二三節に、「さばきのことについてはすべて、子にゆだねられた」とあったり、また『マタイによる福音書』二五章・三一〜四六節には、人の子による裁きの様子が述べられているのだろうか。筆者にはそのような矛盾を説明することはできない。中世の時代には「最後の審判」の絵がよく描かれているが、それらを見ると、すべての人々はキリストによる審判の座に引き出されて、天国行きか地獄行きか決められるような絵になっているので、御子がこの世に遣わされたのは、世を裁くためではなくこの世が救われるためだとは、とうてい思えるものではない。

キリスト教は愛の宗教でもあり、また恐怖の宗教でもあるから、すでに引用した池上俊一氏の「怒れる神が、神罰をくだす。これは旧約聖書の世界であるが、また十一世紀以前のヨーロッパの宗教世界の基調でもあった」（『歴史としての身体』一八八頁）という言葉からすれば、聖書を読むことのできない無学文盲の人々に、おそろしい神の一面を強調して恐怖心を与え、教会に服従させるために「最後の審判」の絵が描かれたのではなかろうか。つまり、このような審判の絵を信者の人たちに見せて、キリスト教の教えを聞いて悔い改めた者は「最後の審判」を希望をもって迎えられるが、「そのおこないが明るみに出されるのを恐れ」るような行いの者は、罪を払う場としての絶望の世界が待っていることを、このような絵でもって人々に恐怖心を起こさせることの効果を、教会では狙っていたのかもしれない。

十四世紀頃から『往生術』（アルス・モリエンディ *Ars Moriendi*）という書物が出回るようになって、「最後の審判」の意味が変わり、その「最後の審判」の絵も変わることになる。おそらく印刷術の発明と改良によって、多くの人たちが自分たちの言葉に翻訳された聖書を読むことができるようになったことが、『往生術』のような書物も出回るようになった要因であろう。フィリップ・アリエスの『死と歴史』（伊藤晃、成瀬駒男訳、みすず書房、一九八三年）によると、「最後の審判」を行う者はキリストではなくなっている。

……病人の枕元に親類や友人があつまることには変わりがない。が彼らはいないも同然なのだ。死にゆくものは彼らをみるのをやめ、周囲の者には想像もつかぬ光景にすっかり心を奪われる。天国と地獄が部屋の中に降りてくるのだ。片やキリストと聖母と聖者全員が、片や悪魔が、時として善行と悪行とが記録された会計簿を持って降り

『往生術』（ヴェラール版、1942年版）復刻本の中の版画の一部。
「天使が吝嗇の人の死に臨んで試みる第三の励まし」

てくるのである。これは十四世紀から十六世紀に至る間の artes moriendi「往生術」の図像である。審判が行われるのは、もはや遊星間の空間ではなく、ベッドの脚許においてであり、それは被審判者にまだ少し息が残っている時に始められる。まだ生きているうちに彼は自分を弁護する者に訴えかける。「聖母マリア様、私はあなた様に私の望みを託しております……」。するとベッドの後ろで悪魔が負債の請求をする。「わしが正当かつ当然なることに、わが分け前として要求するのは、この肉体を去る、けがれきった魂なのだ」。聖母が胸を開き、キリストが傷をみせる。すると神は赦しを与える。「汝の懇請は十分にかなえられて然るべきものである」　（九五〜九六頁）

このようなアリエスの説明を表現した版画が、筆者の持っているヴェラール版『往生術』にも載っている。中世の時代は「最後の審判」を執り行う者はキリストであったのに、中世末期になるとそれをキリストが行わなくなるのである。では裁き手は誰かということになるのだが、アリエスは、

……自由な人間みずからが、自分自身の裁き手となったのである。天国と地獄は、人間と悪との闘いに精進として立ち会うだけで、死にゆく者が、死ぬ時に、一切を護ることも、一切を失うこともできるというわけである。　（九六頁）

と言っているので、死にゆく自分が一切を護るか、それとも失うかという決定権を、イエ

スではなく、人間自らが持つことになったのである。それは、言いかえれば、死なんとする者が自分の歩んできた生涯を振り返って、審判をするということであり、それが「最後の審判」ということになったのである。そのことは、アリエスによれば、

……当時の人間は、temmporalia 現世的なものへの愛着を捨てずに自分の霊魂を破滅させるか、それとも天国での至福のために現世的なものを断念するかというジレンマに陥っていた。（九九頁）

からである。それゆえ、われわれ人間の持っている生に対する執着心をどのように扱うかは、死にゆく人間に託されていたということである。ここではじめて、「神が御子を世につかわされたのは、世をさばくためではなく、御子によって、この世が救われるためである」という『ヨハネによる福音書』の三章・一七〜二〇節の言葉が活躍の場を与えられることになる。

筆者の持っているヴェラール版の『往生術』にある版画には、死にゆく人が自分の財産について悩んでいるのを、悪魔がベッドの傍で煽りたてている絵や、天使が一切の執着を捨ててイエスについて行くことを勧める絵などが挿入されているが、イエスのお姿は描かれていない。

三　真宗の場合

親鸞の思想には「最後の審判」のような思想はない。しかしながら、「仏さまのばちがあたる」とか、「閻魔《えんま》さまの前に引きずり出されて、この世での罪状が記されている閻魔帳に基づいて裁かれ、地獄に行くことになるか、極楽に行くことになるか決まるのだ」、あるいは「無間地獄に落とされる」というような話が昔から人々の間ではあったようで、筆者も子どもの頃、両親から聞かされたものである。このような啓示宗教に似ている裁きの考え方は、おそらく恵信僧都の書いた『往生要集』からきているのであろうが、そのような閻魔大王による裁きや無間地獄の話は、子どもごころにもおそろしかったし、おののいていたから、子どもの教育には一役かっていたのかもしれない。いかに『往生要集』の影響が日本人の心に強く残ったかということを示している。

しかしながら親鸞は堕地獄というようなことを言って、人々を恐れさせたり、おののきの心を煽動するというようなことは、言わなかった。確かに『歎異抄』に、

いずれの行もおよびがたき身なれば、とても地獄は一定《いちじょう》すみかぞかし。

（聖典・六二七頁）

とか、あるいは、

念仏は、まことに浄土にうまるるたねにてはんべるらん、また地獄におつべき業にてやはんべるらん。総じてもって存知せざるなり。（聖典・六二七頁）

と言っているが、これは地獄に堕ちても当然である自分自身が、阿弥陀如来によって救われている（現生正定聚）喜びを表現した言葉なのである。そうして、念仏を称えることが浄土行きになるのか、地獄行きになるのか自分は知らないと言っているところに、如来他力に乗托している親鸞、すべてを阿弥陀如来にまかせている親鸞が、如実に表現されている。

また『正像末和讃』に、

念仏誹謗《ひほう》の有情《うじょう》は
阿鼻《あび》地獄《じごく》に堕在《だざい》して
八万劫中大苦悩
ひまなくうくとぞときたまう　（聖典・五〇四頁）

という和讃がある。親鸞はこの和讃で、堕地獄を言っていると考えるかもしれないが、むしろ親鸞は「念仏をけなしたり、あざけったりする人は、阿鼻地獄（すなわち無間地獄のこと）に堕ちて、八万劫という、とてつもなく長い時間、そこから逃れ出ることができずに苦しむのだということを教育的に言っているのであり、また、念仏を誹謗する人のことを哀れんで言っている和讃でもあると考えるべきである。なぜなら親鸞は「念仏成仏これ真宗」ということを言い（聖典・一九一頁）、人に念仏を勧め、自分ももっぱら念仏を称え、念仏の人生を送った人であったからである。

結語

啓示宗教の最後の審判という思想に似た思想は仏教にもある。それは閻魔という地獄の王による裁きである。閻魔とはサンスクリット語のヤマ（yama）の音写で、古代インドのヴェーダ神話では、閻魔は死後の霊魂を導いて天上の楽土に至らしめる神と考えられていた。ところが、後になると、生前の罪を判定する力を持つ神と考えられるようになり、恐るべき冥界の王という性格が強くなった。このような神話が仏教に取り入れられて、冥界の王という性格から、その居住地は地獄や餓鬼の世界と考えられるようになり、地獄に堕ちた罪人を裁くと言われるようになった。

大乗仏教になると、閻魔は地獄に堕ちた衆生に犯した罪を懺悔させ、悟りに至らしめるために遣わされた菩薩の化身であるとされ、その本地は地蔵菩薩であるとする考え方が生まれたのである。そうして中国に閻魔が入ると、民間の道教的信仰と結びついて、閻魔の性格は一層複雑なものとなっていく。

このような、死後、アッラーやキリストによって、天国行き地獄行きが決まるという審判の思想に類似している点が閻魔大王にあるが、それよりも何よりも、地獄の描写が類似していることの方が面白いと思う。

類似している理由は何か。それは、われわれ人間の日常生活が、東西の人を問わず、そのまま地獄と連続しているからである。いや、われわれの日常生活が、東洋人であろうが西洋人であろうが、地獄そのものだと言った方がよいのかもしれない。特に親鸞は、人間存在そのものが罪悪深重であると教えている。やたらと興味のおもむくままにものの命をとるような行為は、それが因となって、復讐される結果を招くこと必定であるし、また怒り、嫉み、腹立ちの生活が因となって、苦悩の結果をつくり出すことなどを仏教では説いているが、ユダヤ教やイスラームの宗教では神の教えに反すること、あるいは神に逆らうことが罪であるとされている。特にキリスト教では人祖であるアダムとイヴの行為を原罪と言っていることが、人間存在そのものを罪悪深重と言った親鸞の思想と類似している。

だが、十字架上のキリストの苦悩の姿でもって人間の根元的罪を一身に背負われたことを表現しているキリストの姿と、下品下生の立ち姿で、助かりようのない罪深き衆生までも救おうという阿弥陀如来の本願の姿とでは、救済に違いを見る。イスラームの宗教でも神に逆らう行為を罪と言い、それが因となって地獄に堕ちる結果を招くのだから、自業自得ということで救われようがないと言ってもよいかもしれないが、『コーラン』には、例えば、主は忠告に逆らって木の実を食べたアーダム（アダム）に対して、イブリース（イブ）と共に楽園からの追放を命じたが、「しかし（その後）アーダムは主から（特別の）御言葉を頂戴し、御心を直して彼に向かい給うた。まことに主はよく思い直し給うお方。主は限りなく慈悲深いお方」（二章・三五節）と述べているように、アッラーはおそろしい神であるとともに、慈悲深い神でもある。したがって、われわれが悔い改めさえすれば救われると、イスラームの宗教では教えている。

このように見てくると、地獄はどこかにある世界ではなく、まさにわれわれ自身が日々の生活において、神に逆らう行為をしたり、むやみにものの命をとったり、などなど、自我中心的行為によって、地獄を自分自身がつくり、そこに堕ちていくのであると言える。一茶は「世の中は地獄の上の花見かな」とうたっているが、われわれの日々の生活が地獄そのものである由縁を、一茶はこのように詠んでいるのだと思う。

これに反して、天国とか極楽浄土の世界は、われわれの日々の生活とは断絶した世界であるので、ユートピアとか理想郷になりやすい。新約聖書の『ヨハネ黙示録』の二一章・九節以下から二二章・五節までの「神の国」の描写は、『仏説阿弥陀経』に説かれている極楽浄土の世界と類似していると言える。ところがユダヤ教は、彼らユダヤ人の流浪の長い歴史そのものが、地獄であったり、天国であったりしたという歴史を彼らは持っているので、彼らの宗教は現世的にならざるをえなかった。

イスラームの宗教では、天国の描写は、すでに述べたように、官能的であり、その描写には民族的願いがあるように思う。その描写には次のような描写もある。

敬虔な信者に約束された楽園を描いて見ようなら、そこには絶対に腐ることのない水をたたえた川がいくつも流れ、いつまでたっても味の変わらぬ乳の国あり、飲めばえも言われぬ美酒の河あり、澄みきった蜜の河あり。そのうえ神様からは罪の赦しが戴ける。さ、こういう人が、常とわまでも火の中に住み込んで、煮えたぎる熱湯を飲まされ、それで内臓がずたずたに裂けてしまうような者とおなじであろうか。

（四七章・一六節）

アッラーの言葉である。日常において六信五行の生活をする限り、ムスリムには最後の審判を恐れる何ものもなく、むしろ来世が約束されていると言える。

キリスト教では、神の国は此処にあるとか、あそこにあるとか言うべきものではなく、キリストに従う者だけが神の国を見、それを証明するのであるから、そのような人は永遠の命を得て、天使に等しく、また神の子でもある（『ルカによる福音書』二〇章・三六節）と言われている。ところがこの世の生の持続として、天国を望む者は、「肉によって生きる」(『ローマ人への手紙』八章・一二〜一四節)者、すなわち欲望によって生きる者であるから、そのような者は、死しかないのであると教えている。

仏教では『仏説阿弥陀経』に見られるような極楽浄土の描写があるが、親鸞は浄土という世界を実体的にとらえなかった。もしもわれわれが、ムスリムのように、極楽浄土を実体的に考えているとしたら、それは「化土の往生」(自我中心的世界への往生)であると親鸞は言う。親鸞の勧める浄土往生は「真仏土」(阿弥陀仏の世界)への往生である。真仏土の世界とは「真如の世界」であり、「空《くう》の世界」である。ところが人間すべてを「真仏土」の世界へ往生させたいという阿弥陀如来の願いにもかかわらず、人間の方は機根がさまざまであるから、はじめから本当の仏の世界を説いてもわからない人たちもいるので、化土の世界への往生を「方便」として、阿弥陀如来は『仏説阿弥陀経』で説いたのである。

最後の審判を持ち出さず、何事も真実に至る「方便」という考え方を持っている真宗のような宗教は、啓示宗教にはない、真宗独特の考え方であると言えるのだが、強いて聖書において方便として説かれているのを探してみれば、『ヨハネ黙示録』に説かれている「神の国」ではなかろうか。筆者にはそのような「神の国」の描写は、キリスト教における方便と考える。

榎本栄一氏の詩集『念仏のうた　難度海』（樹心社、昭和五六年）に、「光は」という題の詩がある。

しぶとい
この頭がさがったら
浄土の光は
こんなところに

われわれは頭を下げることができないほど、しぶとい根性（自我）を持っている。そういう自分が頭を下げるときというのは、自我中心的心が破れ、自我の支配から解き放たれたときであって、そのとき、「浄土の光がこんなところにもあったのか」と驚くのである。驚くときは発想の転換ができたときである。しかしながら、発想の転換によって浄土の光を発見しても、またしぶとい根性に戻る私たちである。それゆえに親鸞は、生涯にわたる「聞法」をわれわれに勧めるのである。それはイエスがわれわれに「悔い改め」をつねに求めているのと同じであろう。

むすび

世界四大宗教といわれるユダヤ教、キリスト教、イスラームの宗教、そして仏教、特に真宗の思想を、それぞれ比較文化の立場から見てきたのであるが、啓示宗教といわれるユダヤ教、キリスト教、そしてイスラームの宗教から、真宗を考えてみるとき、いろいろなことが明らかになる。啓示宗教もそれぞれの教えにおいて差異はあるにしても、神は唯一絶対であるという点において、そしてまた、人間は犯した罪を悔い改めていくことに心がけなければ救いに与《あずか》ることはできないという点において、啓示宗教はほぼ同一である。

ところが真宗は、罪を悔い改めることさえもできない、無力なあさましい私であるからこそ、ただ阿弥陀の本願によらなければ救いに与ることはできないのだという親鸞の教えによって成り立っている。そのように両者の教えの違いをいろいろ筆者なりに考えるのだが、啓示宗教では神との契約に基づく生活が大事であって、契約に違反すると神により罰せられるのに対して、真宗の教えには契約思想がないから、門徒でありながら阿弥陀如来を無視したり、本願念仏を疑ったり、偶像崇拝に心を動かされたりしても、罰せられることはない。親鸞自身が、例えば、

……煩悩具足の衆生は、もとより真実の心《しん》なし、清浄の心なし。濁悪《じょくあく》邪見のゆえなり。（聖典・五一二頁）

と『尊号真像銘文』で言い、また『和讃』でも親鸞自身が、

浄土真宗に帰すれども
真実の心《しん》はありがたし
虚仮不実のわが身にて
清浄の心もさらになし（聖典・五〇八頁）

と懺悔しているので、啓示宗教から見れば、真宗門徒は地獄行きは間違いないと思うであろう。しかしながら、そのような地獄行きの間違いない私を、救わずにはおかないという阿弥陀如来の本願によって救済されるという、まさに論理にならない論理が真宗なのである。二者択一的なものの見方や二元論的論理に、われわれ日本人も慣れてしまっている昨今、東洋の「ゼロの思想」「空《くう》の思想」にも真理があるのだということに気がつかなければならない。

今は飽食の時代であり、物質的に豊かな時代である。それなのに日本人の心は貧しくなったと言われている。真実の心がなくても、濁悪邪見であっても、自分は自分なのだという自分中心的な考えが日本人にはまかり通っていて、「虚仮不実のわが身」という自覚さえもなくなっているからであろう。

親鸞は「地獄に堕ちても後悔せず」と言っているが、その言葉の裏には、阿弥陀如来によって救われているという安心感があってのこと(現生正定聚)であって、「地獄とか極楽とかという世界なんかあるものか」と不遜な態度を取っている現代人が考える「地獄に堕ちても後悔せず」とは、意味が違うのである。ムスリムの「神を畏れる」とか「神の奴隷になる」姿、ユダヤ教徒の『タルムード』による生活態度、あるいはクリスチャンのキリストに従う生き方には、人間の自由な意志が損なわれているように見えるかもしれないが、さにあらず。むしろ日本人の忘れてしまった、例えば、温かい思いやりの心とか慈しみの心、あるいは生き甲斐のある生活などが、彼らの宗教による生活から見出されるのである。またユダヤ教徒は安息日には休むのに、経済優先の日本では日曜日も有名無実になりつつあり、そのため日本人はストレスを感じながら、休日出勤を余儀なくさせられている。

啓示宗教に帰依することのできる日本人ならともかく、帰依できない日本人は、自己とは何かということを問うことが大事である。それは釈迦の出家の動機、すなわち生老病死の問題を実存的に考えることと関係する生き方である。親鸞の教えに随う真宗門徒であれば、親鸞と同じ「生死出ずべき道」を求める日を、ユダヤ教徒のように安息日である日曜日に当てるくらいの心の余裕があるべきである。

生老病死の問題も、生死出ずべき道を求めることも、言いかえれば、自分自身の限界（死）を知るということである。啓示宗教で、神を畏れるとか、神の支配に入るということを言うのは、その実、人間各自の生の限界を教えているのだと考える。生死出ずべき道を求めた親鸞は、自分の生の限界を知った人であった。自分の生の限界を知ったときに、阿弥陀の本願を仰ぎ、念仏する生活が開かれていくのであるから、阿弥陀如来は念仏に目覚めるその時を待っているのである。

ところがIT革命によって、世の中がコンピューターの時代になったが、コンピューター化が進めば進むほど、自分の生の限界を知ることよりも、生きることのみに目を向けていくようになるのも事実である。なぜなら、コンピューターは人間を眠らせてはくれないし、人間の方でも働いていなければ情報化の波に乗り遅れてしまうという思いに駆られるからである。またコンピューターは生きている人間、それも健康な人間だけを相手にするから、われわれは健康でいつまでも生き続けようとする願望を持つことになる。かくして人間はコンピューターによってまったく管理された社会に生きるようになると、死んだら終わりという考えにならざるを得なくなる。また、人間は神ではなくて、コンピューターに管理されるようになると、宗教は人間社会には無用なものとなってしまう。宗教が無用になれば、人間も無用になることを日本人は知るべきである。

上智大学の教授であったアルフォンス・デーケン氏は『死を教える』(メヂカルフレンド社、一九八六年)という本において、

……一見すると、死の抑圧は生の強調を示すかのようであるが、この現象を深く考察してみると、人間意識の本質的要素である死への意識を抑圧することが、実は生そのものの貧弱や思考の貧困化と表裏一体であることが明らかとなる。人間の精神史を通じて、死の考察は、つねに創造的思考の最も強力な刺激剤であった。(一〇〜一一頁)

と言っている。西欧でも、情報化が進み、管理社会になればなるほど、死は社会から締め出されているようである。しかしながら、西欧には教会や美術館に行くと、キリストの磔刑図や、『最後の審判』の絵が見られるので、それらを目にすることによって、死ということを考え、自分の限界を知ることができるのだが、わが国には生死出ずべき道を教える図像的なものがない。それゆえ、死はますます社会から締め出されていく傾向にある。したがって、デーケン氏の言葉を待つまでもなく、日本人の生は、啓示宗教の国々の人たちよりも、貧弱であり、その生き方も「死」を待つだけの動物と何ら変わらないものになっ

ているように思える。

ユダヤ教においても、ユダヤ人の世俗化や同化が進んでいる地域では、いろいろ宗教上の問題があるようである。かつてユダヤ人の歴史においてみられたユダヤ人迫害ということもほとんどなく、今ではユダヤ人は世界全体に受け入れられているという良好な環境にあるがゆえの問題のようである。『ユダヤ社会のしくみ』（中経出版社、二〇〇一年）の著者、滝川義人氏によると、

世俗化とは、ユダヤの伝統から離れ、日常生活と結びついた戒律を守らず、宗教行事にもほとんど参加しなくなることです。極端にいえば、豚肉を食べ土曜の安息日も護らないということです。

同化はまわりの環境に吸収され、アイデンティティを喪失することといえます。一般には、ユダヤ人以外の人と結婚する通婚によって、それが生じます。通婚率は西側世界では既に五〇％を超え、アメリカやヨーロッパの中小都市では八〇％に近くなっている地域もあります。フィンランドは九〇％となりました（WJC調べ）。

ハラハー（戒律）により、ユダヤ人の男性と非ユダヤ人の女性との間に生まれた子供は、改宗手続をしなければ、非ユダヤ人のままです。通婚の場合、二〇〜二五％の家庭しか子供をユダヤ人として育てないといわれています。（一九三頁）

ということである。似たような問題はムスリムにもあるのではなかろうか。

だが、われわれ真宗門徒は啓示宗教、例えばユダヤ教から学ばねばならないことが多くあるように思う。彼らの安息日であるが、この日ユダヤ人は一切の経済活動を中止して、シナゴーグに出かけてお祈りをし、家に帰るとモーセ五書や『タルムード』を読んで、自分とは何か、自分の人生はこれでよいのかなどと考え、あるいは子どもの勉強の相談にのるという。日本人と同じように、ユダヤ人は働き中毒とか、働き蜂と言われているのに、日本人と違うのは、そのような安息日に休むという点である。日本人はエコノミック・アニマルといつまで笑われていたいのであろうか。

ユダヤ人は子どものときから、なぜ、どうしてという疑問を持つことを教育されているということはすでに述べた。教育とはその語源をたずねると、ラテン語の educere にあって、e は外へ、ducere は引き出すという意味である。どうしてとか、なぜという疑問を持つということは、旺盛な知識欲をもっていろいろなことを吸収し、それが土台となって飛躍する人間をつくり出すのに必要なことである。そのように子どもをしつけていくということは、文字通り、教育になっていると考える。日本の教育は、「ならう」ということで、先生の言うことを習えばよいのであるから、積極的な、アクティヴな行動をする子どもは育たないのではなかろうか。

ユダヤ人は全世界に千三百万人ほどおり、全世界人口のわずか〇・三%にすぎないと言われているのに、ノーベル賞受賞者の四〇%がユダヤ人だということである。これはやはり、なぜ、どうしてなのという疑問を持つようにと、幼少のときからしつけられたことにあるのではなかろうか。それゆえユダヤ人は神をも疑う。『ヨブ記』のヨブは、

わたしは神と論ずることを望む。（一三章・三節）

と言って、神に忠実な奴隷として仕えている自分を何故に苦しめるのか、その理由を聞き出そうとし、

何故に、あなたはみ顔をかくし、わたしをあなたの敵とされるのか。（一三章・二三節）

とまで神に向かって言っているのでも、わかるであろう。しかしながら、神を疑うことが神を捨てることにはならないところがユダヤ人の特徴でもある。彼らは毎日モーセ五書や『タルムード』を読む。キッシンジャーは毎朝十五分、『タルムード』を読むという。

ユダヤ教から学ぶことは疑問を持つということである。真宗門徒であるというのなら、すべからく、阿弥陀如来という仏はどういう仏であるのかとか、念仏はなぜ称えなければならないのかとか、手を合わせるのはどういう意味があるのか等々、真宗の教えに対して疑問を持たねばならない。すでに述べたように、『歎異抄』の第二章には、当時の関東のご門徒の方々は、念仏がどうして往生極楽と結びつくのかという疑問を持って、「身命を

かえりみずして」」、それこそ命がけで、「十余か国のさかいをこえて」はるばる京都に帰られた親鸞を訪ねた、とある。そのような問いを持つことが、私たち真宗門徒にはなくなっているのではないのか。ただ親とか、舅《しゅうと》や姑《しゅうとめ》に「ならう」ことだけでよいと思って、何も疑わないでいるから、真宗門徒であると言いながらも、生活に密着した宗教になっていないのではなかろうか。学校生活において見かける子どもの無気力も、ただ「ならう」ことだけであって、疑問を持つように教えていないことに起因するのかもしれない。

啓示宗教から、さらにもっともっと教えてもらうことが真宗にはあるように思う。筆者は、例えば、啓示宗教の教えは、「聞く」、「祈る」、「捧げる」の三つにまとめられるように考えている。「聞く」とは、『ローマ人への手紙』によれば、

……信仰は聞くことによるのであり、聞くことはキリストの言葉から来るのである。しかしわたしは言う、彼らには聞こえなかったのであろうか。否、むしろ

「その声は全知にひびきわたり、

その言葉は世界のはてにまで及んだ」

（一〇章・一七〜一八節）

ということであるから、聞くことを大切にしている点で、聞法ということを言う真宗の教えと同じである。すなわち「信仰は聞くことによる」と『ローマ人への手紙』で言い、「きくというは信心をあらわす御《み》のりなり」（『一念多念文意』聖典・五三四頁）と親鸞は言っ

ているから、いかに「聞く」ということを宗教では大事にしているかがわかるであろう。「祈る」というのは、困ったときの神頼みの祈りではなくて、われわれの心がいつも神と直接向かい合うということである。ユダヤ教徒の安息日の過ごし方は、神と向かい合う日なのである。真宗で言えば、「なむあみだぶつ」と念仏を称えることである。称えることについて親鸞は、

「称《しょう》」は、御《み》なをとなうるとなり。また、「称」は、はかりというこころなり。はかりというは、もののほどをさだむることなり。（『一念多念文意』聖典・五四五頁）

と言っている。「はかり」とは分銅のついた「秤《はかり》」のことで、弥陀の名を称える衆生の心と仏の名のりの心とが一つになることである。甲斐和里子《かいわりこ》氏は、

御ほとけをよぶわが声は
御ほとけのわれをよびます御声なりけり

とうたっているが、それが「はかりというこころなり」ということである。親鸞が「ねてもさめてもへだてなく　南無阿弥陀仏をとなうべし」（『正像末和讃』聖典・五〇五頁）と言うのも、「真実なるもの」と出会う真宗の「祈り」なのである。

それから「捧げる」ということは仕えるということである。『マルコによる福音書』には、

あなたがたの間でかしらになりたいと思う者は、すべての人の僕《しもべ》とならねばならない。人の子がきたのも、仕えられるためではなく、仕えるためであり、また多くの人のあがないとして、自分の命を与えるためである。

（一〇章・四四〜四五節）

とある。奉仕するときにわれわれに仕えてくださる主に会えるのであるとキリスト教では教えている。イスラームの宗教でも「喜捨」ということで、「あまったものをアッラーに捧げる心」を持って貧しい人に喜捨しなさいと教えているのだから、六信五行の「喜捨」ということも奉仕である。

真宗でも「本廟《ほんびょう》奉仕《ほうし》」ということを言っているが、これも本願寺の本堂で、念仏の道を命をかけて説いてくれた親鸞から直接、「念仏のみぞまことである」ことを聞くためなのである。それも才市の言うように「ただきいたじゃのおて、こころにあたるなむあみだぶつ」で聞くのでなければならないから、ムスリムのように、イスラームの心で、言いかえれば、阿弥陀仏に捧げる心でもって、聞くのでなければならない。そうして本廟奉仕は南無阿弥陀仏と出会う機会であり、御恩報謝の心で奉仕をさせていただくときなのである。

このように考えてみると、啓示宗教の「聞く」、「祈る」、「捧げる」の三つから、われわれ真宗門徒も「聞法をしなければならない」、「お念仏をして、南無阿弥陀仏の真実と出合わなければならない」、「報恩感謝の心で奉仕をさせていただかねばならない」という反省が見えてくるのではなかろうか。このように見てくると、啓示宗教の人たちの信仰が如何に生活に根づき、彼らの宗教がいかに生活化しているかということを教えられる。われわれ日本人の生き方は宗教を無視している生き方であり、エコノミック・アニマルといわれるような生活を日本人はいまだに営んでいることを思うとき、啓示宗教の人たちに恥ずかしい思いがするのは筆者だけであろうか。

真宗が法事仏教や葬式仏教だけにならないためにも、まだまだ啓示宗教から教えてもらうことがたくさんあると思う。とにかく、信心は生活化してこそ生命を得るのであることを忘れてはならない。

あとがき

平成十四年の四月、フィレンツェに一週間滞在し、その間、教会や美術館などを見て回った。フィレンツェのサンマルコ修道院にあるフラ・アンジェリコの『受胎告知』はあまりにも有名であるが、ここの修道院には彼の筆になる『キリスト磔刑』の絵もある。彼は画僧としてキリストの磔刑を描いたとき、涙を流しながら描いたという話は、日本人にはあまり知られていない。涙を流したのは彼ばかりではない。絵の前に立って見ると、彼によって描かれた磔刑の二人の盗賊も泣いているし、磔刑の周りにいる法衣を身にまとっている聖職者たちも泣いているのだ。

なぜフラ・アンジェリコは泣きながらこの絵を描いたのか。そしてなぜ絵の中の人々も磔刑のキリストの周りで泣いているのか。筆者はこの絵を目にしたとき、イエスに対する罪の懺悔と、人間の罪を一身に背負われて十字架につかれたイエスへの感謝の心とが、人々の流す涙でもって表されていると思ったのであった。それは才市が「あさましの慚愧も胸にある。ありがたの歓喜も胸にある。慚愧歓喜のなむあみだぶつ」とうたって、慚愧と歓喜という矛盾した二つが矛盾したまま、胸にあると言っているように、このフラ・アンジェリコの絵にもイエスへの懺悔の心と感謝の心とが、愚かな人間の流している涙でもって、描き出されているのだ。

この絵を見ているとき、親鸞は「弥陀の五劫思惟の願をよくよく案ずれば、ひとえに親鸞一人がためなりけり」（『歎異抄』）と言ったというが、親鸞一人と気がついたときの親鸞はどんな表情をしていたのだろうかと、ふっと思ったことである。阿弥陀如来の摂取不捨の誓願が私一人のためであったと気がついたとき、助かりようのない親鸞は、おそらく涙を流して喜んだのではなかったのか。涙には矛盾したものを、矛盾したまま、つつんでしずかに流すというはたらきがあるようだ。それゆえ、このフラ・アンジェリコの絵にも、彼自身の悔い改めの心と、イエス自身が犠牲になられたことへの感謝の心とが、涙でもって描かれているのだと思ったのである。絶対矛盾的自己同一の思想は、何も東洋だけのものではなく、フラ・アンジェリコのこの絵にもあったのである。

絶対矛盾的自己同一とは相反する二つのものが、対立したままで、一つに和しているということである。これを筆者が長いこと親しんでいるイギリスの詩人、ウイリアム・ブレイク（一七五五〜一八二五）の言葉で言うならば、「対立なくして、進歩なし」（Without Contraries is no progression.『天国と地獄の結婚』）ということになる。そもそも人間は自己主張することによって対立が生じると、相手を否定しようとしたがるものだが、ブレイクはそれが進歩だと言っているのではない。ブレイクの思想は対立する相手を認めながら、共存していくところに進歩があるという考え方である。それはオーケストラの演奏を想像してみるとよい。いろいろな弦楽器と管楽器とが互いに自己主張することによって、見事な演奏が生まれるではないか。私に言わせれば、そのようなブレイクの「対立なくして進歩なし」という考え方が如来の「智慧《プラジュニャ》」であると思う。

したがって文化というものを考えても、その国の在来の文化に外来の文化が入り込んでくる場合には、当然のことながら対立が生じ、ぶつかり合いとなり、やがていつの間にか、二つが融合して、進んだ文化ができ上がるというのが歴史の示すところである。仏教がわが国に入ってきたときもそうであったし、明治維新のとき、西洋文化が入ってきたときもそうであった。そして今、相当数の外国人が、それぞれの国の文化を持って日本に入ってきているが、「対立なくして、進歩なし」というブレイクの言葉からすれば、やがて進歩した日本文化ができ上がるはずである。したがって、文化の中枢をなす宗教においても同じことが言えるのである。

筆者は「阿弥陀如来」を「プラジュニャ（智慧）のはたらき」と解釈しているので、阿弥陀如来はどこの国にも、どこの国の文化にも、おわしますと思っている。シェイクスピアの『リア王』のリアを例に取れば、彼は自己中心的・横暴な振る舞いをする専制君主であるが、二人の娘ゴネリルとリーガンの裏切り行為にあって狂乱状態となり、狂乱の姿で野良犬のごとく野山を徘徊するのだが、そのような姿になることによって、やっと自我そのものの自分ということに気がついたのであった。それはプラジュニャのはたらきにリアが気がついたからなのだと、仏教徒である筆者は思っている。したがって勘当した末娘コーディリアに助けられたとき、プラジュニャのはたらきに目覚めていたリアであったからこそ、彼女の前に膝まずいて、「赦《ゆる》してくれ、ワシは愚かな老人だ」と頭を下げて詫びることができたのである。このような二人の対面のシーンは、観劇したときは特に深い感動を覚え、法然上人が親鸞聖人に言われたという「浄土宗の人は、愚者になりて往生す」という言葉が思い出されて、筆者はいつでも涙を流して観るのである。

またロンドンの下宿の家は、ムスリムであることは「まえがき」のところで述べたが、ロンドンに行く度に世話になれるのは、家族を迎えるような「暖かさ」がご主人や奥さんにあるからであって、いつも阿弥陀如来がこの二人のムスリムの心におられると感じ、手を合わせる思いで、筆者は世話になっている。しかしながら、筆者は、浅原才市のように、いつでも阿弥陀如来と「親子」になっているわけではないけれども、海外に出かけて、海外の生活を楽しむことができるのも、ひとえに阿弥陀如来のおかげ、すなわち、プラジュニャに導かれているからであると思っている。

この本は平成十四年二月、札幌東別院での職員研修会で話した原稿をもとにして書いたものである。啓示宗教であるユダヤ教、キリスト教、そしてイスラームの宗教のそれぞれの教えと真宗の教えとを比較し、真宗の教えをより深く、より広く理解しようと試みたのであるが、自分の力量を超えた分野の話であり、筆者自身なかなか満足のいくようなものが書けなかったことをお詫びしたい。

狐野利久（この　りきゅう）
1931年北海道伊達市に生まれる。弘前大学にて英文学を、大谷大学大学院にてインド大乗仏教学をそれぞれ専攻する。また大谷大学から内地留学を命ぜられ、京都大学でシェイクスピアを研修する。1959年大谷大学文学部講師。1962年室蘭工業大学助教授。1971年10月〜72年９月、文部省在外研究員として渡英。テート・ギャラリーのマルチン・バトリン氏の許でブレイクの研修をする。その後たびたび渡英して研修する。1984年室蘭工業大学教授。1997年同大学定年退官。1999年札幌大谷短期大学特任教授。2002年同短期大学定年退官。現在、室蘭工業大学名誉教授。
著書に『ブレイクの「ヨブ記」』（桐原書店）、『コーランの思想と親鸞の思想との対比』（文栄堂）、『比較文化入門─衣食住から宗教まで』（北星堂書店）、『続比較文化論入門─衣食住から宗教まで』（北星堂書店）、『ブレイクの「ヨブ記」とシェイクスピアの「リア王」』（『近代英文学への招待』分担執筆、北星堂書店）などがある。

ユダヤ・キリスト・イスラーム・親鸞

二〇〇三年四月二〇日　初版第一刷発行

著　者　狐野利久
発行者　西村七兵衛
発行所　株式会社　法藏館
京都市下京区正面通烏丸東入
郵便番号　六〇〇-八一五三
電話　〇七五-三四三-〇〇三〇（編集）
〇七五-三四三-五六五六（営業）

印刷・製本　リコーアート

ISBN 4-8318-2054-7 C0015